Schöne Hecken

Eckhard Jedicke

Schöne Hecken

für Garten und Landschaft

47 Farbfotos
15 Zeichnungen

E.U.
VERLAG
EUGEN
ULMER

Seite 2:
Fast 100 Jahre alt ist diese Buchsbaum-Hecke. Schon in der Antike war Buchsbaum eine kunstvoll beschnittene Zierpflanze.

Die Deutsche Bibliothek – CIP-Einheitsaufnahme

Jedicke, Eckhard:
Schöne Hecken für Garten und Landschaft/
Eckhard Jedicke. –
Stuttgart: Ulmer, 1991
ISBN 3-8001-6458-2

Wollgrasweg 41, 7000 Stuttgart 70 (Hohenheim)
Printed in Germany
Lektorat: Agnes Pahler
Herstellung: Karl-Heinz Eitle
Einbandgestaltung: Alfred Krugmann, Freiberg am Neckar
Mit einem Foto von Hans Reinhard, Heiligkreuzsteinach
Satz: Typobauer Filmsatz GmbH, Ostfildern 3
Druck und Bindung: Passavia Druckerei GmbH, Passau

Vorwort

»Wo kein Zaun ist, wird das Gut verwüstet«, heißt es schon im Alten Testament bei Jesus Sirach. Tote Zäune aus Maschendraht, Schmiedeeisen, Beton und Holzlatten, wie sie heute dominieren, sind jedoch noch nicht lange gebräuchlich. In früheren Zeiten dienten Hecken als lebende Zäune zur Abgrenzung des eigenen Hab und Guts.

So verweist Meyers Großes Konversations-Lexikon aus dem Jahre 1908 unter dem Stichwort Hecke auf Zaun, der als Einfriedung eines Grundstücks definiert wird. Und dort erläutern die Autoren: »Lebendige Zäune oder Hekken geben eine dichte und dauerhafte Einfriedung und gewähren zarten Pflanzen guten Schutz. Die Sträucher werden auf rigoltem (tiefgelockertem) Boden in 15 bis 30 cm Entfernung gepflanzt, nach einem Jahr über dem Wurzelhals abgeschnitten und die üppig wachsenden Schosse ineinander verflochten, das Ganze wird zuweilen gedüngt und jährlich beschnitten, oben schmal, unten breiter, weil sonst die Hecke unten kahl wird.«

In wenigen Worten liefert das Lexikon so eine Anleitung zur Heckenanlage. Das Zitat illustriert nur eine, nämlich kunstvollere Form der Hecke. In vergangenen Jahrhunderten verboten die Landesherren teilweise sogar aufgrund der »Rohstoff-Verschwendung«, tote Zäune aus Holz anzulegen. Damals markierten Hecken die Eigentumsgrenzen, verhinderten das Ausbrechen oder Eindringen des Weideviehs, ja sie sollten sogar plündernde menschliche Horden fernhalten.
Aus heutiger Sicht stehen mehr die ökologischen Wirkungen der Hecken im Vordergrund – als Windbremser und zur Verbesserung des Kleinklimas, zum Schutz vor Bodenerosion, als Basis biologischen Pflanzenschutzes und Lebensraum für Pflanzen und Tiere. Im Bereich der Gärten und Grünanlagen kommen weitere funktionale Argumente wie optische Schönheit, Sicht- und Immissionsschutz hinzu.

Dieses Buch möchte Gartenbesitzer, Gärtner und Landwirte von der Schönheit und den vielfältigen positiven Auswirkungen der Hecken überzeugen. Es will Anleitungen geben, wie Hecken ihrem jeweiligen Zweck entsprechend angelegt und gepflegt werden, und zwar in den Dörfern und Städten ebenso wie in der Feldflur. Dabei stehen Gehölze und auch Stauden aus der heimischen Flora im Vordergrund – um zu beweisen, daß es nicht unbedingt fremdländische und züchterisch bearbeitete Pflanzen sein müssen, die uns durch ihre Form und Blätter, durch ihre Blüten und Früchte erfreuen. Wer zugleich Wert auf eine vielfältige Tierwelt in seiner Hecke legt, ist mit einheimischen Pflanzen viel besser bedient als mit den neuesten Koniferen-Zuchtformen.

Dennoch darf man die Forderung nach einheimischer Natur nicht zum Dogma erheben. Im Garten steht die Freude am Heckengrün an erster Stelle: Dieses Buch möchte zeigen, daß Schönheit und Naturnähe sich nicht ausschließen, sondern sich ergänzen.

Eckhard Jedicke
Wettenberg, Sommer 1991

Inhaltsverzeichnis

Hecken prägen Kulturlandschaften

Was ist eine Hecke? Ein Streifen von Sträuchern und kleineren Bäumen, könnte man sagen. »Eine Ansammlung von Sträuchern, die durch kraut- und grasartigen Bewuchs umsäumt und miteinander verbunden sind und oft durch Bäume überragt werden«, lautet eine genauere Definition. Fast immer sind Hecken stark vom Menschen geformt – sie zeugen vielfach von der spezifischen Nutzung der betreffenden Kulturlandschaft.

In der offenen Agrarlandschaft finden sich Hecken genauso wie innerhalb der menschlichen Siedlungen. In den Gärten und Grünanlagen entstanden sie durch Anpflanzung, und auch zwischen Feldern und Grünland gehen sie häufig auf Aktivitäten des Menschen zurück. Ohne menschliche Hilfe entwickeln sich Hecken zum Beispiel dort, wo die landwirtschaftliche Nutzung aufgegeben wurde, oder – wenn ihnen der nötige Raum dazu bereitsteht – entlang von Waldrändern. Meist bleiben sie nicht vollständig der natürlichen Entwicklung überlassen, sondern werden in unterschiedlichen Zeitabständen zurückgeschnitten.

Hecken gehören zur Kulturlandschaft wie das Weidevieh und der Pflug. Schon im Mittelhochdeutschen hießen sie »hecke«, im Althochdeutschen »hegga«. Die Niederländer sagen »heg«, die Briten »hedge«. Allen diesen Wörtern ist derselbe Wortstamm »hag« zu eigen: Er bedeutet Dorngesträuch, Gebüsch, Umzäunung und umfriedeter Ort. Damit wird bereits eine wesentliche Begründung deutlich, warum früher Hecken angelegt und gepflegt wurden: zur Abgrenzung von Grundstücken. In den Weidelandschaften traten längst Stacheldraht- und Elektrozäune an ihre Stelle. Dagegen schätzen viele Gartenbesitzer Hecken nach wie vor als lebende Zäune, die neugierige Blicke bremsen oder den Hund aus Nachbars Garten am Grenzübertritt hindern.

Drei typische Heckenlandschaften

Einige legendäre Heckenlandschaften sind für ihren Reichtum an Heckenzeilen bekannt: Südengland natürlich, aber auch die norddeutschen Knicklandschaften in Schleswig-Holstein und Niedersachsen, die Westfälische Bucht, Oberfranken und das Voralpenland. Mit ihrer Vielfalt bergen sie zahlreiche Anregungen für die Zusammensetzung und Pflanzung von naturnah aufgebauten Hecken auch im Garten. Jedoch ging die Intensivierung der landwirtschaftlichen Nutzung an diesen traditionellen Heckenlandschaften nicht spurlos vorüber; sie sorgte vielerorts für ein Ausdünnen des ehemals engmaschigen Netzes von Heckenzeilen. Ebenso fielen Hecken in den Gärten, Dörfern und Städten Baumaßnahmen, neuen Mauern und Zäunen oder schlicht einem übertriebenen Ordnungssinn zum Opfer.

Als Beispiele für schöne Heckenlandschaften mit einer eigenen Charakteristik wollen wir im folgenden die Wallhecken in Nord- und Nordwestdeutschland, die Hecken der Mittelgebirge am Beispiel Oberfrankens

Knicks prägen die Landschaft im norddeutschen Tiefland: ein Blick vom Ehrenmal in Laboe bei Kiel.

und des Hecken- und Schlehengäus östlich des Schwarzwaldes betrachten.

Norddeutsche Knicks

Knicks oder Wallhecken prägen als besonderer Heckentyp das norddeutsche Flachland, vor allem in Schleswig-Holstein und Niedersachsen. Sie sind ein- oder mehrreihige Gehölzpflanzungen, die auf Wällen stocken. Gerade dieses erhöhte Profil begründet die Eigenart und den ganz besonderen ökologischen Wert der Knicks. Die Wälle wurden mit dem Erdaushub angrenzender Gräben, mit Steinen und auch Holz wie Baumstubben und Astwerk aufgeschichtet und dann bepflanzt.

Die schleswig-holsteinischen Knicks gehen auf eine umfangreiche Agrarreform im 18. Jahrhundert zurück. Um 1770 wurden die Verkoppelungsgesetze erlassen, welche die zuvor bestehenden Feldgemeinschaften und den Flurzwang aufhoben. Nach und nach wurden die Feldfluren und Weideflächen vermessen, so daß jeder Bauer eigenen Grund und Boden zugewiesen erhielt. Wichtigste Bedingung: Er mußte seine Flächen mit »lebendem Pathwerk« einkoppeln, also mit Hekken umfrieden.

Damit begann eine Umgestaltung der Landschaft, jedoch nicht mit solchen gravierenden Folgen, wie die moderne Landwirtschaft in unserem Jahrhundert sie mit sich brachte: Die von Äckern, Wiesen und Weiden geprägte Landschaft war zuvor durch eingestreute Gebüsche und Niederwälder gegliedert – sogenannte Kratts, die regelmäßig zur Brennholz-Gewinnung abgeschlagen wurden. Diese Gehölze wichen bei der Verkoppelung weitgehend, um durch die neu angelegten Wallhecken ersetzt zu werden. So entstand ein lineares, engmaschiges Netz von Hecken als Abgrenzung der ein-

Viele Agrarlandschaften der Mittelgebirge werden durch Hecken gegliedert, hier im Weserbergland.

zelnen Flurstücke. Durch »Knicken« einzelner Äste gestalteten die Bauern ihre Wallhecken für das Weidevieh undurchlässig. Auf diese Weise wird auch die Bezeichnung der Wallhecken als Knicks entstanden sein.

Doch ein Knick gleicht kaum dem anderen: Allein in Schleswig-Holstein lassen sich, je nach Boden und Klima, 85 verschiedene Knicktypen unterscheiden. In der weitgehend waldfreien Landschaft bieten sie vielen Tier- und Pflanzenarten Lebensraum, die ihren Verbreitungsschwerpunkt andernorts in den Wäldern haben. Besonders reich ist die Lebewelt in den »bunten« Knicks – bunt deshalb, weil sie aus zahlreichen verschiedenen Gehölzarten zusammengesetzt sind. Zu ihrer Anlage gruben die Bauern in den umliegenden Waldstücken junge Sträucher und Bäume aus und pflanzten sie in bunter, abwechslungsreicher Folge auf die zuvor aufgeworfenen Wälle. Typisch und noch recht häufig sind in Schleswig-Holstein die Schlehen-Hasel- oder Eichen-Hainbuchen-Knicks. Hainbuche, Hasel und Esche erweisen sich als sehr widerstandsfähige Gehölze, die nach dem »Knikken«, dieser regelmäßigen Pflegemaßnahme, rasch wieder ausschlagen und sich aus dem Wurzelstock regenerieren. Sie können sich am besten in den Knicks behaupten, genauso wie die mit Dornen oder Stacheln bewehrten Sträucher, die vom Weidevieh nicht abgefressen werden: Schlehen oder Schwarzdorn, Rosen und die vielen Brombeer-Arten.

Oberfränkische Hecken

In den deutschen Mittelgebirgen bilden Schlehen-Weißdorn-Gebüsche und – in wärmeren, klimatisch begünstigten Regionen – Schlehen-Liguster-Gebüsche die häufigsten Heckentypen. Sie wachsen meist ebenerdig, doch in manchen Landschaften wie in den Heckengebieten Oberfrankens stocken sie häufig auf Lesesteinwällen: Die früher von den Bauern in mühsamer Handarbeit von den Äkkern gesammelten Steine, die Lesesteine, wurden am Feldrand gelagert und später von Hecken überwachsen.

Beide Heckentypen, vor allem die wärmeliebenden Schlehen-Liguster-Gebüsche, bevorzugen Kalk- und Lehmböden. Ihre Pflanzengesellschaften kann man als Pioniere des Waldes betrachten: Griffe der Mensch nicht durch sporadischen Rückschnitt der Sträucher und Bäume ein, würden zunehmend höherwachsende Bäume Fuß fassen, und letztlich entstünde ein Wäldchen. Doch dies verhinderte in früheren Zeiten die regelmäßige Nutzung zur Brennholzgewinnung und das Bestreben, die Landschaft offen zu halten; in den vergangenen Jahrzehnten stand dem zunehmend die vollständige Rodung der Gehölze entgegen.

In den Schlehen-Weißdorn-Hecken wachsen neben Schwarz- und Weißdorn oft auch Hundsrose, Roter Hartriegel und Haselnuß. Die Schlehen-Liguster-Hecken besitzen ihren Verbreitungsschwerpunkt in den süddeutschen Mittelgebirgen und im Alpenraum; sie stehen besonders in besonnten Bereichen auf Kalkböden und Kalkfelsen. Auf den ersten Blick ähnelt die Zusammensetzung der Pflanzenarten der des erstgenannten Hekkentyps. Als wichtigster Unterschied treten zu Schlehe und Weißdorn hier Liguster und Berberitze hinzu; weitere charakteristische Arten sind Weinrose und Waldrebe sowie wiederum Hundsrose, Roter Hartriegel und Haselnuß.

In der oberfränkischen Heckenlandschaft bilden die dornenreichen Lesesteinhecken eine terrassenähnliche Flur in der welligen Muschelkalk-Landschaft. Meist zeichnen sie im Gelände die Höhenlinien nach und verlaufen hangparallell. Die Bildung von Terrassen fördern sie, indem sie auf den Äckern vom Regenwasser abgetragenes (erodiertes) Bodenmaterial auffangen – eine Eigenschaft, die durchaus auch positive wirtschaftliche Bedeutung besitzt. Da Fließgewässer mit Ufergehölzen aufgrund des durchlässigen Untergrundes aus löcherigem Kalkgestein in dieser Landschaft rar sind, bilden die Hecken die weitaus wichtigsten linienförmigen Gehölzstrukturen Oberfrankens.

Das Hecken- und Schlehengäu

Eine Landschaft erhielt sogar aufgrund des Heckenreichtums seinen Namen: das Hecken- und Schlehengäu. Es liegt am östlichen Rande des Schwarzwaldes, südwestlich von Stuttgart, in 500 bis 600 m Meereshöhe. Mühlhausen an der Würm markiert das nördliche Ende, Dornstetten östlich von Freudenstadt in etwa das südliche Ende des maximal 5 km breiten und mindestens 45 km langgestreckten Heckengäus. Es bildet für die Landwirtschaft einen weniger ertragreichen Teil des mainfränkischen und südwestdeutschen Gäulandes (»Gäu« läßt sich mit »Gegend« übersetzen). Ansonsten kennzeichnet die offenen, flachen Gäulandschaften ein fruchtbarer Boden aus Löß und ein recht trockenes Klima mit häufigem Sonnenschein. Hecken besitzen hier durch die schon immer besonders intensiv betriebene Landwirtschaft echten Seltenheitswert.

Die beiden »oberen Gäue« an der Ostseite des Schwarzwaldes fallen da nicht nur durch ihre größere Höhenlage etwas aus dem Rahmen: Der Gesteinsuntergrund bewirkt dort ein stärker bewegtes Relief mit Hügeln und Tälern. Im Strohgäu sorgt fruchtbarer Löß für gute Ernten, im Hecken- und Schlehengäu indes sind die Möglichkeiten landwirtschaftlicher Produktion begrenzt: Der Untergrund ist

Leuchtendes Weiß der Schwarzdorn-Hecken bestimmt Ende April die Feldflur im Hecken- und Schlehengäu im Windschatten des Schwarzwaldes.

verkarstet, das heißt, die Kalkgesteine sind durch Lösungsprozesse extrem wasserdurchlässig geworden, so daß Wasser eine Mangelware darstellt. Die oft flachgründigen Böden bescherten den Landwirten in früheren Zeiten viel Arbeit, aber wenig Brot – steinreich sind nur die Böden. Auch hier waren die Bauern wie in Oberfranken gezwungen, die Steine per Hand von den Äckern zu lesen und am Rand zu Lesesteinwällen aufzuhäufen. So entstand Platz für die Hecken mit ähnlicher Struktur wie jene in Oberfranken.

Hecken als Zeugen kleinbäuerlicher Kultur

Das geschilderte Beispiel der Knicks zeigte bereits, daß Hecken keineswegs immer der Landwirtschaft »im Wege« und entsprechend ungeliebt waren, wie das leider heute oftmals der Fall ist. Ganz im Gegenteil wurden sie vielfach gezielt angepflanzt oder, wenn sie ungewollt Fuß faßten, wenigstens geduldet. Hecken sind daher fest mit der Entwicklung der Landwirtschaft verbunden. Alte Wurzeln reichen im heutigen England vermutlich in die Zeit vor dem 11. Jahrhundert zurück.

Hecken in der Urlandschaft

In der Form, wie wir heute Hecken aus der Feldflur und den Gärten kennen, existieren sie eigentlich erst seit wenigen Jahrhunderten. Doch eigentlich sind Hecken bestimmt älter als die Menschheit, denn auch in der Naturlandschaft gab es sie: Mitteleuropa war zwar weitgehend bewaldet, doch es existierten auch waldfreie Flächen, die zu naß, zu trocken oder aus anderen Gründen für das Gedeihen von Bäumen ungeeignet waren. Dort konnten oftmals Heckensträucher Fuß fassen und ohne Konkurrenz der wuchs-

Schnitt durch eine Wallhecke. Das weit verzweigte Wurzelwerk der Gehölze nimmt den Bodenkörper weitgehend ein. Dazwischen leben Insektenlarven und andere Kleintiere, die die rohe Laubstreu aufbereiten. Dazwischen breiten sich die Geflechte der Pilze aus. Die mehretagige Kraut- und Gehölzschicht schirmt den Boden ab. Die einzelnen Zonen werden durch bestimmte Pflanzen charakterisiert: 1 Gemeine Quecke, 2 Gemeiner Hopfen, 3 Buschwindröschen, 4 Gelbes Windröschen, 5 Gemeiner Wurmfarn, 6 Gemeines Rispengras.

kräftigeren Bäume gedeihen. Und es kam sicherlich auch ab und zu einmal vor, daß infolge Überalterung oder durch Naturkatastrophen wie Sturm, Feuer und Überschwemmung ganze Waldflächen kahl wurden, so daß Sträucher eine Zeitlang dominieren konnten. Ansonsten jedoch lag der Verbreitungsschwerpunkt der Sträucher im Unterholz lichterer Wälder.

Sächsische Zäune

Schon zur Römerzeit sollen im Südosten Englands die wohl ersten vom Menschen gepflanzten Wallhecken bestanden haben. Die eingewanderten Angelsachsen und dann die ihnen folgenden Normannen führten im 11. und 12. Jahrhundert diese Tradition fort.

Nach alten Überlieferungen umfriedeten sächsische Siedler in England ihre Grundstücke mit sogenannten »toten Hecken«, indem sie Pfähle aus Weißdorn und anderen Gehölzen in den Boden rammten und mit dünneren Zweigen ausflochten. Sonderlich haltbar waren diese Zäune aus Flechtwerk nicht, sie mußten immer wieder ausgebessert oder ganz neu angelegt werden. Wo solche Eingriffe des Menschen ausblieben, konnten Sträucher Fuß fassen und die Zaunreste überwuchern: Ihre Samen wehte der Wind herbei, die am Zaun hängenblieben und zu Boden fielen. Andere Arten samten durch Vögel an, indem diese auf dem Zaun ausruhten und dabei vorher gefressene Samen ausschieden, oder am Gefieder haftende Verbreitungsorgane von Pflanzen fielen herab. Kleinere Säugetierarten wie Mäuse oder Eichhörnchen schleppten Nüsse, Eicheln und Beeren herbei, versteckten sie und vergaßen auch die eine oder andere Frucht. So wurde bald aus der toten eine lebendige Hecke.

Die Normannen führten vermutlich das Zurechtstutzen der Heckensträucher ein, denn die Großgrundbesitzer, so erzählen alte Quellen, wollten sie mit dem Pferde überspringen können, wenn sie der Jagd nachgingen. Dies war der Schritt von der Wildhecke zur Zierhecke, die einen regelmäßigen Formschnitt erhält und wichtiger Bestandteil der gerade in England nach wie vor groß geschriebenen Gartenkunst ist. Auf den britischen Inseln blieben bis heute schöne und beeindruckende Beispiele solcher Formschnitthecken erhalten.

Ebenfalls der Volksgruppe der Normannen werden die ältesten gezielt gepflanzten Hecken zugeschrieben: Sie sollen bereits verschiedene Gehölze aus Samen und Stecklingen herangezogen und dann als Hecken gepflanzt haben.

Historische Landwirtschaft

Seit wann existieren Heckenlandschaften im deutschsprachigen Raum, wie wir sie heute kennen? Bereits vor rund 3000 Jahren sollen sich Hecken aus Flechtzäunen und aus zur Abgrenzung aufgeschichtetem Strauchschnitt entwickelt haben – als Schutz beispielsweise von Ackerflächen vor Wildtieren und plündernden Menschenhorden. Im 11. und 12. Jahrhundert, als im norddeutschen Flachland erstes Privateigentum entstand, waren die Eigner bestrebt, ihren Grund und Boden mit Wallhecken zu umfrieden. Damals begann wohl die erste größere Verbreitung von Hecken. Vom 13. bis 15. Jahrhundert stand die Funktion von Wallhecken als Grenzlinie und verteidigungspolitischer Schutz im Vordergrund, später – als die Waldflächen zunehmend gerodet waren – bildeten sie wirtschaftlich bedeutsame Landschaftsstrukturen.

Besonders weite Verbreitung erhielten Wallhecken erst vom Ende des 18. Jahrhunderts an. Zu diesem Zeitpunkt fand in Schleswig-Holstein die

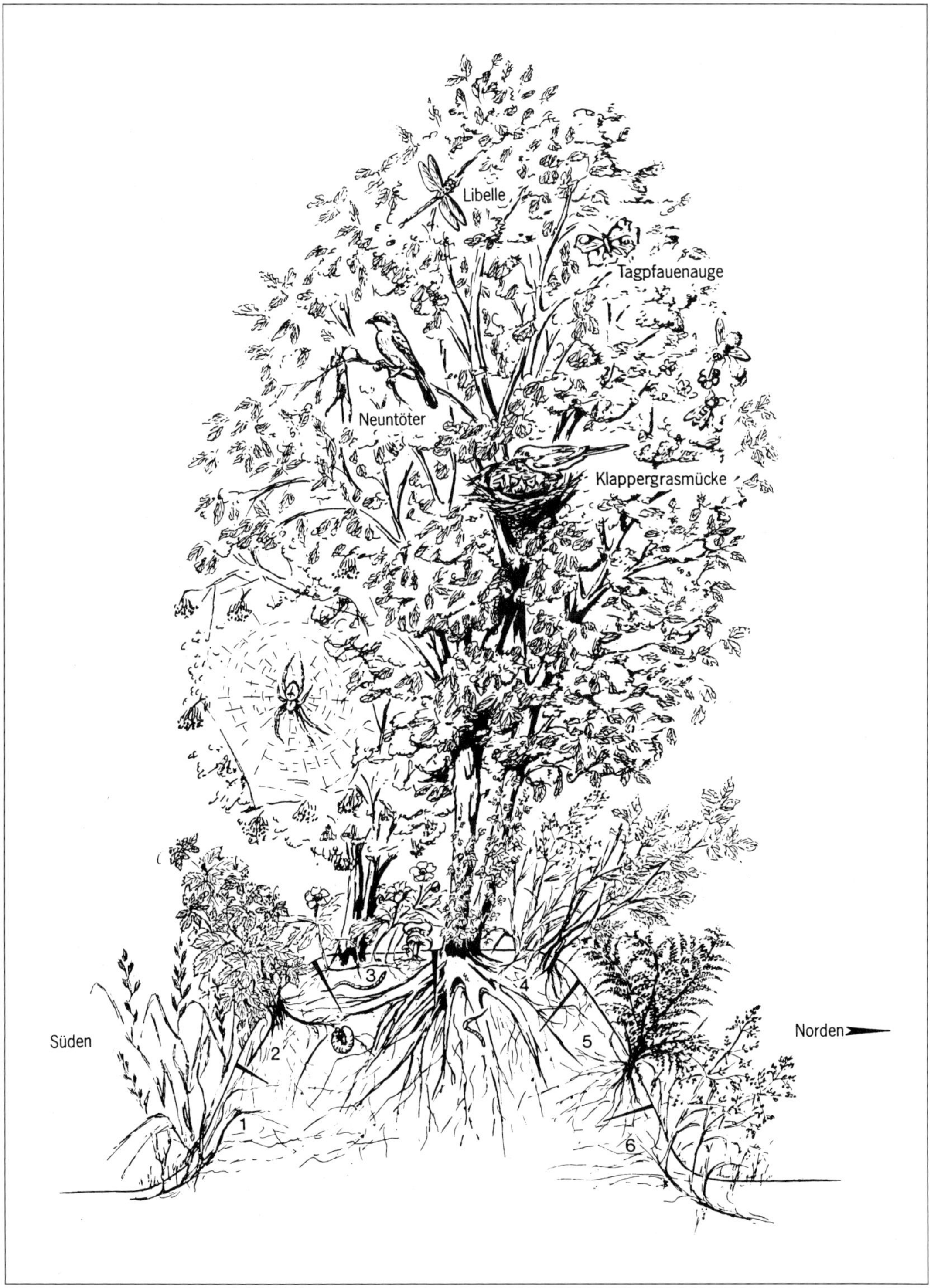
Libelle
Tagpfauenauge
Neuntöter
Klappergrasmücke
Süden
Norden
1
2
3
4
5
6

Verkoppelung statt, während die süddeutschen Jurahänge verstärkt unter den Pflug kamen. Dazu terrassierten Landwirte die Hänge und warfen aus Lesesteinen Wälle auf. Ohne weiteres Zutun der Bauern siedelten sich dort Sträucher an. Damit hängt das Entstehen der Hecken teils direkt, teils indirekt mit der landwirtschaftlichen Tätigkeit des Menschen zusammen.

Für den Landwirt behinderten die Gehölzstreifen damals keineswegs die Arbeit, sondern waren willkommen: Sie begrenzten dauerhaft Flurstücke und umgaben Viehweiden als lebende Zäune (wie besonders im Falle der Knicks); sie grenzten aber auch zum Nachbar-Grundstück ab. Sie lieferten willkommenes Viehfutter, und zwar als getrocknetes Laubheu genauso wie als frisches Grünfutter. Sie warfen Nutzholz zur Geräteherstellung und Brennholz für eine warme Stube ab, und sie boten zugleich Lebensraum für eine Fülle von Heilpflanzen.

Alte Verordnungen zum Heckenschutz

Die Anlage der Knicks in Schleswig-Holstein war zwingende Auflage der damaligen Verkoppelungsgesetze. Doch es gab schon wesentlich früher juristische Festlegungen für den Schutz von Hecken. Gut dokumentiert ist dies aus der Geschichte des früheren Fürstentums Waldeck im Norden Hessens. Aus dem Jahre 1729 stammt eine Verordnung der Fürstlich Waldekkischen Regierung, die den Untertanen vorschrieb, Wiesen und Weiden mit Hecken einzuzäunen. Sie nimmt dabei Bezug auf eine noch ältere Vorschrift: »Daß Gärten und Wiesen zur Verhütung eines unnützen Holz-Verwüstens nicht mit dürren Holzzäunen sondern grünen Hecken geschirmet werden und Ihr die dortigen Ortsbürger dazu anhalten sollet, ist schon vorhin befohlen.«

Holz war damals Mangelware, weil es zunehmend auch für Berg-, Hütten- und Hammerwerke verbraucht wurde. Dennoch wurde der Befehl, Hecken zu pflanzen, offenbar schlecht befolgt. Daher legte die Verordnung von 1729 fest, daß »die Jenigen (. . .) welche sich hierin saumseelich bezeigen, bey einer zu Jeden anfang May veranlaßenden visitation (Besichtigung) mit 3 mgr. von Jeder Ruthe zu bestraffen« waren.

Auch jagdliche Interessen des Fürstenhauses waren dabei im Spiel. In einer Forst- und Jagdordnung erließ Fürst Carl zu Waldeck 1741 für Forstamt und Jagdbedienstete die Aufforderung, »Remisen« (Feldgehölze) für das »kleine Weid-Werck« (Niederwild) anzulegen und dafür zu sorgen, »daß darin belegene Hecken und Gesträuche nicht verödet oder ausgehackt / sondern zur Retirade (Rückzug) solchen Wildpräts vor den Raub-Vögeln conserviret bleiben mögen«. Die Forstbediensteten hatten ihr Augenmerk zu richten auf alle Beeinträchtigungen durch Anlieger. Auf das Roden einer Hecke – »sollte es auch nur eine Furche breit seyn« – stand eine Geldstrafe von zehn Reichstalern und die Verpflichtung, am selben Platz mit derselben »Gattung Holtz« eine neue Hecke zu pflanzen. Selbst Ende des 20. Jahrhunderts reicht der Vollzug der Naturschutzgesetze nicht so weit.

»Öffentlich eingeschärft« wurden diese Vorschriften »in Hinsicht der Anpflanzung grüner Hekken« 1811 durch eine neue Veröffentlichung im Regierungsblatt. 1905 erließ die Stadt Arolsen eine Polizeiverordnung, die zum Schutze der Singvögel das Beschneiden lebender Hecken vom 1. April bis 31. August untersagte. Nur die Not nach dem Zweiten Weltkrieg zwang 1919 zu einer Lockerung: »Wo die Futternot dazu nötigt, dürfen also in diesem Jahr lebendige Hecken schon vom 1. Juli ab beschnitten werden. Dabei wird schonende Rücksicht-

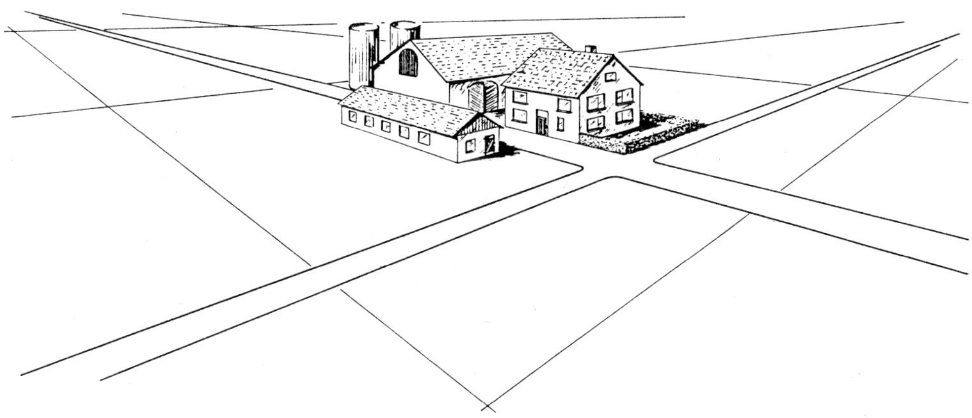

nahme auf brütende Vögel empfohlen.« Dieses Zitat belegt zugleich die wirtschaftliche Bedeutung der Hecken in früheren Zeiten.

Auch aus den nördlichen Wallhekken-Gebieten sind alte Verordnungen zum Schutze der Hecken überliefert. So verbot der oldenburgische Graf Anton Günther bereits anno 1630 jegliches Holzhauen, weil Winderosion enorme Probleme durch Flugsand-Verwehungen verursachte. Der dänische König Christian erließ 1677 eine Holzordnung und untersagte damit wegen des enormen Holzmangels jegliches Holzhauen; alle Wälder mußten zum Schutz vor Weidevieh mit Wallhecken umfriedet werden.

Heckenrodungen und moderne Landwirtschaft

Generell war wohl um 1850 in den meisten Landschaften des deutschsprachigen Raums die größte Vielfalt mit kleinflächigen Nutzflächen und engmaschigen naturnahen Strukturen

Ein abwechslungsreiches und dichtes Heckennetz schafft vielfältige Lebensräume. Keine Versteckmöglichkeiten dagegen bietet die ausgeräumte, flurbereinigte Agrarlandschaft.

In der Feldflur bilden Gehölze blickfangende Strukturen, die von Erholungssuchenden ästhetisch positiv empfunden werden. Auch für Tiere gliedern und kammern sie die Landschaft.

wie vor allem Hecken anzutreffen. Die in den Gehölzen lebenden Tierarten müssen damals optimale Lebensbedingungen gefunden haben: Ihr Lebensraum nahm nicht nur im Vergleich zu heute riesige Flächen ein. Noch wichtiger war die Tatsache, daß das einzelne Individuum nahezu uneingeschränkt entlang eines engmaschigen Heckennetzes wandern konnte. Naturschützer versuchen heute, den damals realisierten Biotopverbund – den engen räumlichen Kontakt zwischen gleichartigen Lebensräumen – wenigstens in Ansätzen wiederherzustellen.

Seit Mitte des 19. Jahrhunderts ging es für die Pflanzen und Tiere der Hecken bergab. Flurbereinigungen führten zur Zusammenlegung kleiner Nutzflächen zu größeren, die dazwischen liegenden Hecken mußten weichen. Die Landtechnik und Düngung nahmen ihren Aufschwung. Aus heutiger Sicht lief diese Intensivierung der Landnutzung zunächt noch relativ naturverträglich ab. Ab 1950 etwa vollzog sich eine radikale Änderung der Landnutzung mit steigendem Maschinen-, Dünger- und Pestizideinsatz. Starkem wirtschaftlichen Druck ausgesetzt, expandierten – bisher ungebremst – die mittleren und großen Betriebe auf Kosten der kleinbäuerlichen Landwirtschaft. Auf der Strecke blieben dabei auch und gerade die Hekken: Wirtschaftlich scheinbar ohne Bedeutung, bildeten sie ein Hindernis beim Wenden der immer größeren und schwereren Traktoren und Maschinen. Viele Landschaften wurden in den letzten Jahrzehnten ihres ehemals engmaschigen Heckennetzes nahezu vollständig beraubt – zum Beispiel im Münsterland, in der Wetterau und in der Thüringer Bucht blieb oft auf kilometerweite Distanzen kein einziger Baum oder Strauch übrig.

Etwa seit 1980 kam die Heckenrodung größtenteils zum Stillstand. Hier und da werden inzwischen mit guten Argumenten des Naturschutzes, aber auch der Landwirtschaft, wieder neue Hecken gepflanzt – besonders dort, wo der Wind ungebremst in großem Maßstab wertvolle Ackerkrume fortbläst. Diese zaghaften Anfänge können jedoch nicht die immensen Verluste an Hecken wettmachen.

Funktionen von Hecken im Naturhaushalt

Hecken besitzen zahlreiche Aufgaben innerhalb ihrer Umwelt. Sie gliedern die Siedlungs- und Agrarlandschaft, verbessern das Kleinklima, verringern den Bodenabtrag durch Wind und Regen, dienen heimischen Pflanzen und Tieren als Lebensraum, unterstützen einen biologischen Pflanzenschutz auf den Nutzflächen und sie wirken in Biotopverbundsystemen als bedeutende Wanderungslinien. Solche Funktionen werden im folgenden beschrieben. Dabei stehen die positiven klimatischen Effekte und der Wert von Hecken für den Naturschutz im Vordergrund.

Lebende Zäune gliedern Grundstücke und Landschaften

In Gärten wie im Straßenbild, in Parks wie in der freien Landschaft – Hekken wirken als gliedernde Elemente, teilen Grundstücke und größere Räume ein, bewirken eine Kammerung. In Norddeutschland wurden Knicks schon früh als Barrieren für das Weidevieh genutzt, dem sie den Zutritt zu Nachbars Grundstück verwehrten. Längst übernahmen Stacheldraht und Elektrozaun diese Funktionen.

Ein lebender Zaun ist immer schöner als ein toter – zur Abgrenzung wie zur Aufteilung von Grundstücken. Wo der Platz ausreicht, ergeben freiwachsende gemischte Hecken reizvolle Übergänge.

Vielfältiges Grün statt Bodenversiegelung läßt Neubaugebiete wohnlicher erscheinen, und außerdem finden Tiere hier Nahrung und Unterschlupf.

In den Gärten bremsen Hecken neugierige Blicke auf das eigene Grundstück und halten, wenn sie ausreichend dicht sind, Hunde und andere ungebetene Eindringlinge fern. Sie ersetzen, richtige Pflege vorausgesetzt, Maschendraht- und Lattenzäune vollwertig.

Der Mensch empfindet eine durch Hecken gegliederte Siedlungslandschaft ebenso wie eine vielgestaltige Feldflur als wesentlich erholsamer und ansprechender als triste Asphalt- und Betonwüsten oder ausgeräumte Agrarsteppen. Besonders flache und weiträumige, nicht durch Kuppen und Hügel Abwechslung bietende Landschaften erzeugen ohne Hecken beim Menschen den Eindruck der Verlorenheit. Das Gegenteil bewirken Hecken um so besser, je engmaschiger ihr Netz geknüpft, je vielfältiger ihre Artenzusammensetzung und je unruhiger ihre Firstlinie, durchbrochen von einzelnen höherwachsenden Bäumen, verläuft. Und nicht zu vergessen ist auch die historische Bedeutung, welche Hecken als Zeugen früherer landwirtschaftlicher Nutzungsgeschichte besitzen.

Ein besseres Kleinklima

Jedes Kind weiß, daß Hecken als Windschutz wirken: Bei stürmischem Wetter pustet der Wind auf freier Fläche Fußgänger fast um – jenseits einer Hecke jedoch weht nur ein laues Lüftchen. Um bis zu 60 Prozent kann eine Hecke die Windgeschwindigkeit bremsen. Doch nicht allein der Wind ändert sich im Umfeld einer Hecke, sondern das gesamte Kleinklima mit Temperatur, Niederschlägen und Verdunstung.

Wind

Im Landschaftshaushalt bewirkt eine einzelne Hecke einen besseren Windschutz als eine feste Mauer. Der Grund: Die Mauer zwingt die Luftströmung, vollständig über das Hindernis hinweg zu klettern. Als Konsequenz bilden sich jenseits der Mauer starke Luftwirbel, die Kulturpflanzen schädigen können. Eine Hecke dagegen läßt einen Teil des Windes mit verminderter Geschwindigkeit hindurch, weil sie nur zu durchschnittlich zwei Dritteln ihrer Oberfläche geschlossen ist. Damit vermeidet sie die unerwünschten Luftwirbel an der windabgewandten Seite (im Lee), und erst in einer Entfernung von dem Zehn- bis Fünfzehnfachen ihrer Höhe kann sich der Wind in Bodennähe wieder voll entfalten.

Nicht jede Hecke gewährt aber denselben Windschutz. Ihre Wirksamkeit hängt von der Heckenhöhe und von der Durchlässigkeit ab. Und ganz entscheidend wirkt die Struktur der Hecke nahe über dem Boden: Eine alte, vergreiste Hecke wird dort lückig, so daß der auftreffende Wind nicht allein nach oben, sondern auch – wie durch eine Düse verstärkt – nach unten dicht über den Boden abgelenkt wird. So kann eine schlecht wirksame Hecke die bodennahe Windgeschwindigkeit sogar erhöhen, anstatt sie zu bremsen. Solche negative Auswirkungen lassen sich durch eine regelmäßige Heckenpflege vermeiden.

Wind wird den Kulturpflanzen nicht erst bei Sturmstärke gefährlich. Steht ausreichend Wasser im Boden zur Verfügung, können geringe Windgeschwindigkeiten den Zuwachs an pflanzlicher Biomasse fördern. Höhere Windgeschwindigkeiten und Wassermangel bewirken jedoch das Gegenteil. Dies hängt mit den Spaltöffnungen zusammen, mikroskopisch kleinen Schlitzen auf den Oberflächen der Blätter. Über diese Öffnungen geben die Pflanzen Wasser ab, welches sie mit den Wurzeln aus dem Boden zusammen mit Nährstoffen aufgenommen haben. Zugleich dienen die Spaltöffnungen der Aufnahme von Kohlendioxid aus der Luft, welches die Pflanzen zu ihrem Wachstum für die Photosynthese benötigen. Je wärmer und windiger die Witterung ist, desto mehr Wasser verdunstet theoretisch. Um nicht zu vertrocknen, schließt die Pflanze dann ihre Spaltöffnungen – mit dem Nachteil, daß sie weniger

Eine Hecke vermindert die Windgeschwindigkeit und wirkt sich dadurch positiv auf das Mikroklima ihrer Umgebung aus.

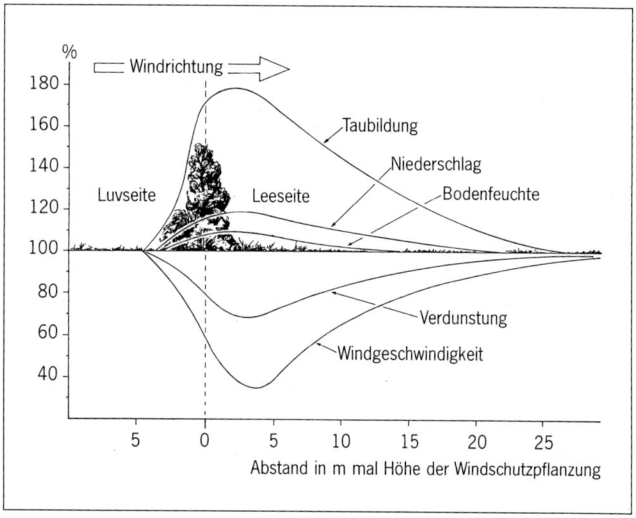

Kohlendioxid aufnehmen und damit nur verlangsamt wachsen kann.

Temperatur

Die Wärme der bodennahen Luftschicht im Windschatten einer Hecke liegt geringfügig über der Umgebungstemperatur – um vielleicht ein halbes oder ein ganzes Grad. Je nach Sonnenstand können sich jedoch lokal andere Abweichungen ergeben, etwa auf Flächen, die von der Hecke häufig beschattet werden.

Niederschläge und Taubildung

Zwar liegt die Niederschlagsmenge im Windschatten (Lee) einer Hecke um bis zu zehn Prozent höher als in der freien Landschaft, doch bleibt die Summe des fallenden Regens gleich; es findet lediglich eine Umverteilung statt. Erheblich steigt der nächtliche Taufall: Er ist im Luv etwas erhöht und fällt sehr viel stärker und weitreichender im Lee. Dieser Einfluß schlägt sich positiv im Wasserhaushalt der davon betroffenen Pflanzen nieder. Zugleich wirken Hecken ausgleichend auf den gesamten Landschafts-Wasserhaushalt, indem sie den raschen Abfluß der Niederschläge in die Fließgewässer bremsen und für das Versikkern einer größeren Wassermenge in den Boden sorgen.

Verdunstung

Feuchtigkeit verdunstet aus dem Boden und von allen Oberflächen, auch von den Blättern der Pflanzen: Dadurch entweicht Wasserdampf in die Atmosphäre. Hier liegt wohl die stärkste positive Wirkung von Hecken auf das Kleinklima. Messungen bewiesen eine maximal über 40prozentige Abnahme der Verdunstungsrate (Evaporation) im Windschatten. Unmittelbar hinter einer Hecke ist diese Wirkung am stärksten, sie nimmt kontinuierlich mit der Entfernung ab. In einem untersuchten Beispiel erreichte die Verdunstungsrate in einer Distanz, die etwa dem 14fachen der Heckenhöhe entspricht, wieder den Freilandwert.

Hauptursache für die verringerte Verdunstung ist die herabgesetzte Windgeschwindigkeit. Beide Erscheinungen erlauben der Pflanze, größer zu wachsen und weniger Kraft in den Aufbau ihres Wurzelsystems zu investieren.

Schutz vor Bodenerosion

Oft stocken Hecken auf Böschungen, die sich anderweitig kaum nutzen lassen. Und gerade hier besitzen die Gehölzstreifen eine weitere wichtige Funktion: Sie bremsen die Bodenerosion. Wasser und Wind greifen die Bodenkrume um so stärker an, je ungeschützter sie liegt. Im konventionellen Ackerbau fehlt lange Zeit im Jahr eine schützende Pflanzendecke, welche den besten Schutz gegen das Ausblasen (Winderosion) und das Fortschwemmen feiner Bodenteilchen (Wassererosion) garantiert. Ein engmaschiges Heckennetz bildet in solchen gefährdeten Zeitphasen Hindernisse, die das Ausmaß der Bodenerosion immerhin mindern können.

Besonders leicht transportiert wird Feinsand, dessen Körnchen fortschweben; größere Teilchen mit einem Durchmesser von 0,1 bis 1 mm rollen und springen fort, wobei sie kleinere Teilchen anstoßen und zum Fortschweben animieren. Die Winderosion stellt daher vor allem in den an Feinsand reichen Böden Norddeutschlands ein gravierendes Problem dar. Bei der Ablagerung nimmt der Wind eine strenge Sortierung der Korngrößen vor: Zuerst werden die größeren Teilchen (Sand) abgelagert, zuletzt fallen die kleineren (Schluff) in der größten Entfernung nieder. Damit leiden der abgetragene und der abgelagerte Boden unter einer einseitigen Zusammensetzung.

Wassererosion ist eine Folge der Niederschläge: Wenn das aufprasseln-

Das Wasser der Niederschläge schwemmt die Bodenkrume großflächiger Äcker fort, wo es nicht durch hangparallel verlaufende Hecken- und Grünstreifen gebremst und zum Versickern gebracht wird.

de Wasser bei starkem Regen nicht mehr in den Boden eindringen kann, muß es an der Oberfläche abfließen. Dabei reißt es Bodenteilchen mit und transportiert sie hangabwärts. Schon bei einer Hangneigung von nur einem Grad setzt die Bodenerosion durch Wasser ein. Viel Feinsand und Schluff, aber wenig Ton im Boden signalisieren höchste Gefahr.

Gerade im norddeutschen Flachland werden heute wieder Windschutzhekken angepflanzt. Auch die Landwirtschaftsämter haben erkannt, daß sich so die Winde bremsen und die oft gravierende Bodenerosion mindern lassen. Gut wirkt bereits ein Heckennetz mit Abständen von 300 mal 600 m, welches senkrecht zur Hauptwindrichtung ausgerichtet ist. Wassererosion können Hecken bremsen, indem sie als Sperriegel fungieren, vor dem vom Hang ablaufendes Wasser versickert, so daß auch die abgeschwemmten Bodenteilchen liegenbleiben. Durch ihr Wurzelwerk festigen sie Böschungen und erleichtern damit die Terrassierung der Agrarlandschaft. Je steiler ein Hang, desto enger muß ein erosionsbremsendes Netz von Heckenlinien sein, die parallel zu den Höhenlinien verlaufen.

Lebensraum für Pflanzen und Tiere

Die Flora und ganz besonders die Fauna der Hecken ist ausgesprochen vielfältig, sie gehören zu den artenreichsten Lebensräumen der Kulturlandschaft. In einer einzigen Wallhecke Schleswig-Holsteins leben vermutlich 1600 bis 1800 verschiedene Tierarten. Insgesamt kommen in dem nördlichsten deutschen Bundesland rund 7000 Tierarten allein in Knicks und Feldgehölzen vor – eine Vielfalt, die in ihrer Gesamtheit selbst geübte Zoologen kaum überblicken können.

Hecken werden, ökologisch gesehen, gern als doppelte Waldränder benannt. Naturnahe Waldmäntel zeigen nämlich eine heckenähnliche Abstufung von hochwüchsigen Bäumen des Waldes über kleinwüchsigere Lichtbaumarten, hohe und niedrigere Sträucher bis zu einer Krautzone, in wel-

Zahlreiche räuberisch lebende Tiere leben in Hecken und Feldgehölzen. Sie unternehmen unterschiedlich weite Streifzüge in die angrenzenden Äcker und Wiesen. (Nach Wildermuth 1980.)

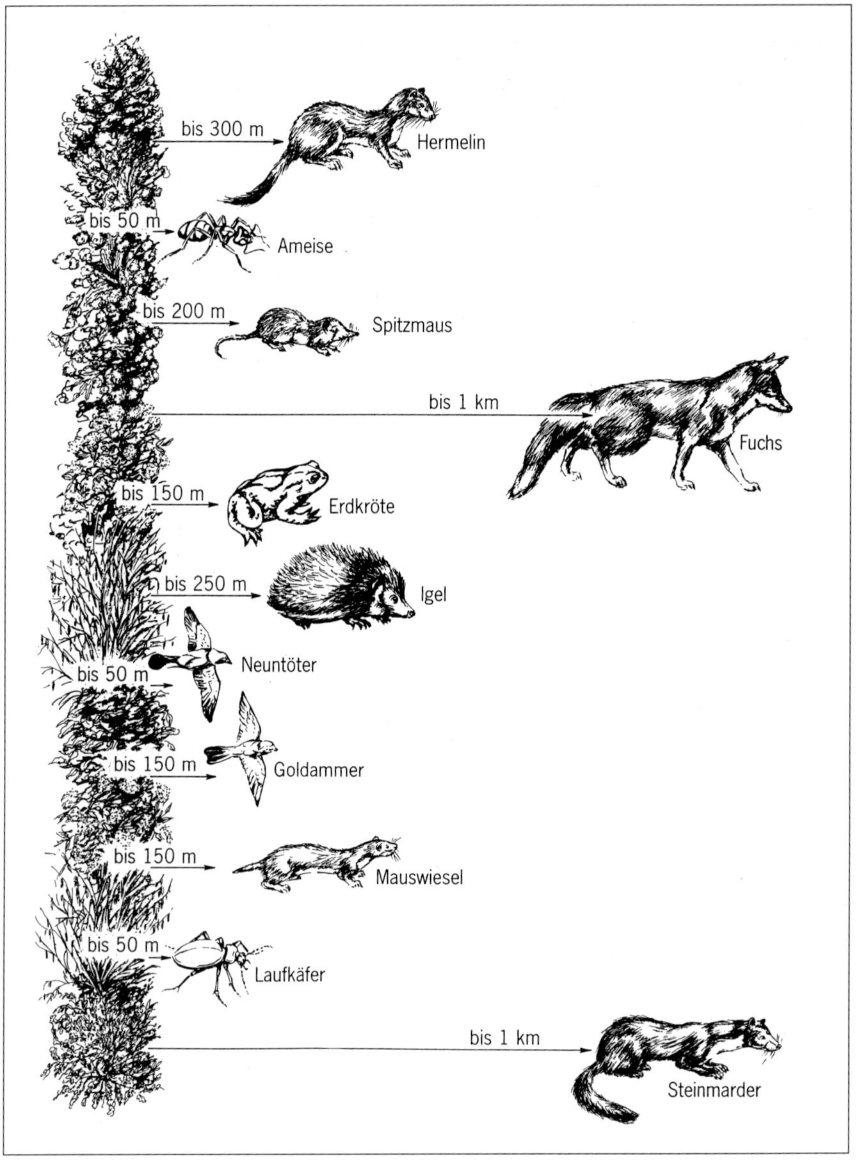

cher die Sträucher zurücktreten. Auch in einer größeren Hecke lassen sich solche Stufen beidseitig auf engstem Raum abgrenzen. Sechs solcher Zonen sind bei typischen Wallhecken vorhanden, die alle eine charakteristische Flora und Fauna aufweisen. Diese unterscheidet sich deutlich von Wäldern, weil Hecken das typische Innenklima eines Waldes fehlt.

Hecken wie strauchreich abgestufte Waldränder bezeichnen Ökologen als Ökotone: Übergangszonen oder Grenzbereiche zwischen verschiedenartigen Lebensräumen. Hier überschneiden sich die Lebensbedingungen unterschiedlicher Biotope, und als Folge läßt sich eine deutlich höhere Artenvielfalt und Dichte von Individuen beobachten. Im Falle der Hecken bilden angrenzende Krautsäume einen wichtigen Bestandteil des Grenzlebensraums im Übergangsbereich zu anderen Biotoptypen, welcher die Artenvielfalt deutlich erhöht.

Wie kann eine zwei, drei Meter breite Hecke noch in verschiedene Zonen eingeteilt werden? Ein Querschnitt durch eine Wallhecke in Schleswig-Holstein kann dies verdeutlichen:

1. Die **Queckenzone** markiert den Wallfuß auf der besonnten Seite. Sträucher fehlen hier, und es herrschen solche Pflanzen und Tiere vor, die zu ihrer Entfaltung viel Licht benötigen.
2. Rankend, windend und klimmend erobern sich die Pflanzen der **Lianenzone** ihren Lebensraum an der Knicksüdseite. Hopfen, Zaunwinde, Geißblatt und andere Arten bilden zusammen mit einer üppigen Krautschicht den bevorzugten Aufenthaltsort für zahlreiche Wirbellose; diese Zone gilt als die artenreichste einer Wallhecke. Anziehend wirken ein großer Blütenreichtum und die Wärme, bedingt durch die intensive Sonneneinstrahlung.
3. »Erdpflanzen« oder Geophyten charakterisieren die **Geophytenzone** auf der Dammkrone: Arten, die den Winter nur mit unterirdischen Organen wie Zwiebeln, Knollen oder Rhizomen überdauern, während alle oberirdischen Teile absterben. Dabei handelt es sich vor allem um Frühlingsblüher wie Scharbockskraut, Buschwindröschen und Gelbstern. An deren Blüten sind bestimmte bestäubende Insekten gebunden, etwa die früh im Jahr fliegenden Erdbienen.
4. Die **Hainrispengras-Zone** liegt auf der nördlichen oberen Hangzone des Walls. Licht ist hier ganz besonders Mangelware, die Pflanzen und Tiere dieser Zone kennen wir vielfach aus dem Innern von Buchenwäldern.
5. Etwas mehr Licht und Feuchtigkeit beanspruchen die Pflanzen der **Wurmfarnzone** auf dem nördlichen Wallhang. Moose und höhere Stauden wie der Wiesenkerbel entfalten sich hier optimal, vielfach auch nährstoffliebende Arten.
6. Hohe Bodenfeuchtigkeit charakterisiert die **Zone des Gemeinen Rispengrases** mit Sauerampfer und Kriechendem Hahnenfuß. Sie profitieren von dem Wasser, das im Schatten von den Sträuchern herabtropft und am Hang herabsickert. Dort finden feuchtigkeitsliebende und windempfindliche Tierarten die besten Entfaltungsmöglichkeiten, zum Beispiel Schnecken und viele Fliegen.

Auf die verschiedenen charakteristischen Gehölzarten, Kräuter und Gräser ebenso wie auf die typische Fauna der Hecken werden wir später noch näher eingehen. Die dort geschilderten Beispiele mögen die herausragende Bedeutung der Hecken für Pflanzen und Tiere weiter verdeutlichen — als eine wichtige Begründung, warum sich Naturschützer so sehr für die Erhaltung und Neuanlage von Hecken in Gärten und Feldflur einsetzen.

Basis eines biologischen Pflanzenschutzes

Als ein Reservoir für »Unkräuter« und »Schädlinge« — so negativ sehen manche Zeitgenossen die Hecken. Solche Aussagen entbehren aber der Wahrheit, im Gegenteil: In den Hecken leben zahlreiche Arten, die Gärtnern und Landwirten als biologische Schädlingsbekämpfer helfen, und dies in wirtschaftlich bedeutsamem Umfang. Verfemte Ackerwildkräuter fehlen in den Hecken, die eine eigene Krautschicht besitzen; und diese Arten dringen kaum in das Kulturland vor.

Nur wenige Tiere, die Hecken besiedeln, können in angrenzenden Nutzpflanzen-Beständen Schäden verursachen. Zu ihnen zählen beispielsweise die Blattläuse. Doch resultieren daraus keine sonderlich großen Gefahren für Garten und Acker. Denn ein gewisser Blattlaus-Bestand muß in der Hecke vorhanden sein, damit deren Feinde – etwa Marienkäfer und Florfliegen – eine ausreichende Nahrungsgrundlage vorfinden.

Die Blattläuse können sich in Hekken früher fortpflanzen als auf den meisten Kulturflächen, deren Pflanzen sich erst später im Jahr entwickeln. Zur gleichen Zeit sind jedoch bereits die natürlichen Feinde vorhanden, die sich bei zunehmender Blattlaus-Dichte entsprechend vermehren. Eine Massenausbreitung der Läuse wird damit unwahrscheinlich, und so verringern sich auch die Chancen, daß die Läuse die angrenzend wachsenden Kulturpflanzen massenhaft befallen – denn ihre Feinde sind sogleich zur Stelle. Pestizide können dann auf seltene Notfälle beschränkt werden, wenn natürliche Regulationsmechanismen nicht mehr ausreichend funktionieren. Dieses Vorgehen wird als integrierter Pflanzenschutz bezeichnet.

Anders ist das, wenn Beute und Räuber keinen stabilen Dauerlebensraum wie eine Hecke vorfinden. Der Einsatz von Insektiziden gegen Blattläuse zum Beispiel in einem Bohnenfeld bedeutet niemals eine längerfristige Lösung, weil sich nach ökologischen Gesetzen anschließend die Beuteart – also die

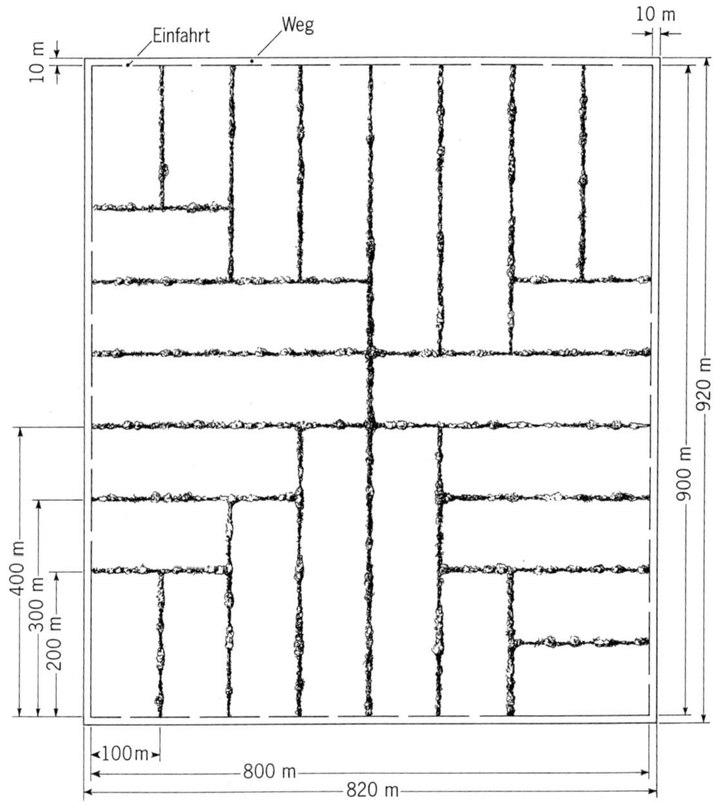

Vorschlag für die Gliederung einer 72 ha großen Ackerfläche durch Wallhecken. Die sogenannten Langäcker erreichen eine Größe von 2 ha und mehr. Die Verschachtelung ist so angelegt, daß viele Knickabzweigungen zustande kommen.

Biotopverbund durch Hecken: In Gebieten mit solch einem engmaschigen Netz von Gehölzstreifen besteht für viele Tiere enger Kontakt zu benachbarten Beständen ihrer Art, weil sie problemlos die ununterbrochenen Heckenzeilen entlangwandern können.

Blattlaus – viel rascher neu entfaltet als ihre Feinde. Nur wenn die Räuber in nahegelegenen Hecken überdauern können, besteht die Chance, daß sie nach einem Gifteinsatz relativ schnell wieder einwandern.

Viele Tierarten der Hecken beschränken sich bei ihrer Nahrungssuche nicht allein auf den unmittelbaren Heckenbereich. Sie streifen bei ihren Beutezügen je nach Mobilität unterschiedlich weit in die angrenzenden Nutzflächen. Auch auf diese Weise tragen sie zu einer biologischen Schädlingsbekämpfung bei. Verschiedene räuberische Insektenarten leben während des Sommers auf Feldern und ernähren sich dort von Schäden anrichtenden Wirbellosen; sie benötigen nach der Ernte und während des Winters aber Hecken und Feldgehölze, um zu überdauern.

Solche auch wirtschaftlich bedeutsamen Zusammenhänge zwischen Hecken und angrenzendem Acker-, Grün- und Gartenland lassen sich nur schwer nachweisen. Doch sie existieren in großer Zahl, und ihre Bedeutung darf keinesfalls unterschätzt werden. In der Nutzung von Methoden des biologischen und des integrierten Pflanzenschutzes liegt die Zukunft der Landwirtschaft, die das Verspritzen von Pestiziden in dem heutigen Umfang langfristig allein schon aus Gründen des Grundwasserschutzes nicht mehr wird vertreten können.

Hecken als Bausteine des Biotopverbunds

Die Roten Listen der vom Aussterben bedrohten Tier- und Pflanzenarten werden vor allem deshalb immer länger, weil die Vorkommen der meisten Arten auf kleinflächige und weit voneinander entfernte Restbestände zurückgedrängt werden. Diese Folge der intensiven Landnutzung im besiedel-

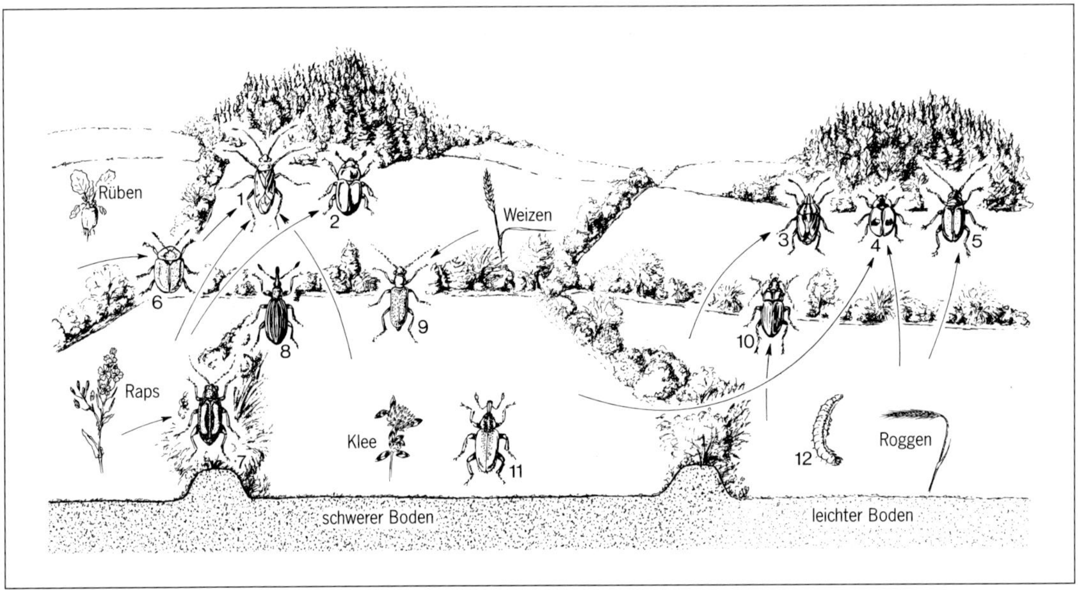

Mitteleuropäische Feldinsekten nutzen ganz unterschiedliche Biotope zur Überwinterung (Tischler 1984):

Mittelstrecken-Wanderer:
1 Wiesenwanze,
2 Glanzkäfer,
3 Getreidewanze,
4 Marienkäfer,
5 Knöterich-Erdfloh.

Kurzstrecken-Wanderer:
6 Schildkäfer,
7 Kohlerfloh,
8 Spitzrüßler,
9 Getreidehähnchen,
10 Grassamenlaufkäfer.

Feldüberwinterer:
11 Kleerüßler,
12 Saateulenraupe.

ten, bewaldeten und landwirtschaftlich genutzten Bereich gleichermaßen bezeichnen Biogeographen als »Verinselung«, weil naturnahe Landschaftsteile und darin vorkommende Arten durch die umgebende intensive Landnutzung hochgradig isoliert werden – vergleichbar mit der Isolation von Meeresinseln durch die umgebenden Wasserflächen.

Aus dieser Betrachtungsweise entstand das Naturschutzkonzept des Biotopverbunds. Dessen Ziele lassen sich so beschreiben:

1. Ein System großflächiger Schutzgebiete soll Pflanzen und Tieren stabile Dauerlebensräume bereitstellen.
2. Ein Raster von Trittsteinbiotopen geringerer Flächengröße dient dem Aufenthalt und der zeitweisen Vermehrung von einzelnen Arten, ohne vollständigen Lebensgemeinschaften das dauerhafte Überleben zu ermöglichen. Ihre Funktion besteht darin, Ausgangspunkt und Rastplatz für den Austausch einzelner Individuen zwischen den großen Schutzgebieten zu bilden.
3. Lineare Korridorbiotope verknüpfen die punktuellen Lebensräume (große Schutzgebiete und Trittsteinbiotope) zu einem möglichst engmaschigen Netz, um als Wanderwege zu fungieren.
4. Eine flächendeckende Einschränkung der Nutzungsintensität muß die Isolationswirkung der Nutzflächen mindern – etwa durch Chemie-Verzicht oder die Verringerung des Einsatzes von Pestiziden.

Hecken stehen geradezu als Sinnbild intensiven Biotopverbunds: In vielen Kulturlandschaften Mitte des 19. Jahrhunderts gewährleistete ein engmaschiges Heckennetz einen intensiven Verbund von Gehölzbiotopen, etwa mit Baumreihen, Feldgehölzen, Alleen und Waldflächen. Hecken sind dabei ein besonders notwendiges Korridorbiotop. Die Neuanlage von Hecken mit ausreichend breitem Profil von etwa 10 m gehört heute mit beim Aufbau lokaler Biotopverbundsysteme. Gleichwohl darf man Maßnahmen zum Biotopverbund nicht allein auf Heckenpflanzungen reduzieren – auch andere Lebensraumtypen sind dazu vonnöten.

Hecken und ihre Wuchsformen

Je nach Wuchshöhe und menschlicher Pflege lassen sich im Erscheinungsbild von Hecken sechs verschiedene Typen differenzieren: Nieder-, Mittel-, Hoch- und Baumhecken, dann die mehr oder weniger stark beschnittenen und oft nur aus einer Strauchart bestehenden Zierhecken und schließlich kleinere Strauchgruppen, die heckenähnlichen Charakter besitzen können und daher am Rande erwähnt werden.

Niederhecken

Zweierlei Erscheinungsformen werden zum Typ der Niederhecke zusammengefaßt: einerseits junge, aus dornigen Büschen bestehende Hecken, die ohne menschliches Eingreifen bald zu Mittel- oder Hochhecken auswachsen. Und andererseits längerfristig bestehende Hecken, deren Sträucher von Natur aus niedrig bleiben oder regelmäßig durch Schneiden verjüngt werden. Vor allem Brombeeren, Kriechende Rose und Stachelbeere erreichen von Natur aus kaum Höhen über 1 m. Brombeeren ranken nur dann höher hinaus, wenn sie sich an anderen Pflanzen emporhangeln können.

Die jungen Dornenhecken sind oft (noch) relativ arm an Pflanzenarten, häufig bestehen sie allein aus Jungwuchs des Schwarzdorns. Sehr artenreich hingegen können ältere Niederhecken sein, so wie allgemein der Ar-

Zu jeder Scheune gehört traditionell in vielen Feldfluren der Schwarze Holunder. Strauchgruppen besitzen für Heckenbewohner die Funktion von Trittsteinen: Hier können sie bei Ortveränderungen eine Pause einlegen, bevor sie zur nächsten Hecke weiterziehen.

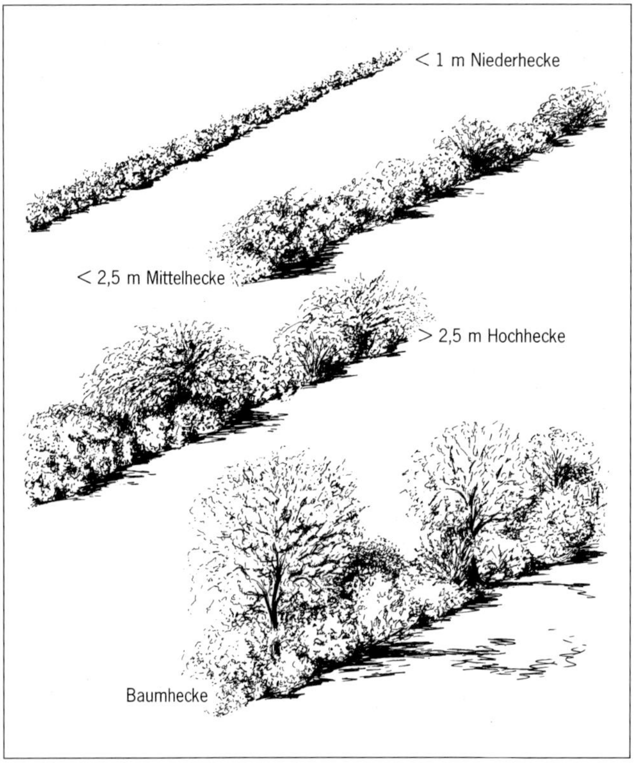

Verschiedene Heckentypen. Die Unterscheidung erfolgt nach der Wuchshöhe.

tenreichtum einer Hecke in aller Regel mit ihrem Alter wächst.

Mittelhecken

2,5 m hoch ist der Maßstab, der bei einer Mittelhecke angelegt wird. Dieser Heckentyp ist der an Pflanzen und Tieren artenreichste, was dem Beobachter bereits die Fülle an Singvögeln verdeutlicht. Die Strauchschicht bauen vor allem Schwarzdorn, Ein- und Zweigriffliger Weißdorn, Heckenrose, Hartriegel, Liguster, Gemeiner und Wolliger Schneeball auf.

Um vielfältige Mittelhecken langfristig zu erhalten, benötigen sie ganz besonders das regelmäßige Zurückschneiden beziehungsweise das Auf-den-Stock-Setzen in Abständen von zehn bis 25 Jahren. Sonst wachsen sie nach Ansiedlung höherwüchsiger Strauch- und besonders Baumarten zu einer Hoch- oder sogar Baumhecke aus. Das muß zwar im Landschaftsbild nicht unbedingt von Nachteil sein, doch ändern sich damit die Lebensbedingungen für die Fauna, so daß beispielsweise manche Heckenbrüter verschwinden.

Hochhecken

Schnell wachsende Pionierarten bilden den einen Teil der Hochhecken: Schwarzer Holunder, Haselnuß und verschiedene Weidenarten zum Beispiel. Den anderen Teil stellen sonst mittelhohe Arten, die durch Überalterung die (etwas willkürlich gesetzte) Grenze von 2,5 m Höhe überschreiten.

Hochhecken treten mit verschiedenem Erscheinungsbild auf, welches ein Querprofil verdeutlicht: Die einen Hochhecken besitzen ein mehrstufiges Profil mit reichem Strauch- und Krautwuchs auch in Bodennähe, so daß sich eine geschlossene Einheit vom Boden bis zur Spitze zeigt. Die niedrigere Strauchschicht ähnelt dann in ihrer Zusammensetzung häufig einer Nieder- oder Mittelhecke. Andere Hochhecken sind an ihrem Fuße ausgelichtet, weil sie vom Weidevieh verbissen oder bewußt zurückgeschnitten wurden. Ihre ökologische Bedeutung ist geringer als die von mehrstufigen Hochhecken. Das gilt für den Naturschutz wie für das Mikroklima und den Erosionsschutz.

Baumhecken

Mehr oder weniger in Reihe stehende Bäume charakterisieren die Baumhekken: Es handelt sich etwa um alleeartige Bestände von Eichen, Erlen, Eschen, Ahorn oder Linden oder aber mehr oder weniger geschlossene Baumreihen, die an ihren Fuße von einer Nieder-, Mittel- oder Hochhecke gesäumt werden können.

Zierhecken

In die geschilderte Reihe niedriger, mittlerer, hoher und baumbestandener Hecken passen die Zierhecken nicht so recht hinein. Sie bestehen vielfach nur aus einer einzigen Strauchart, deren Pflanzen mindestens einmal, oft aber dreimal im Jahr durch Formschnitt verändert werden. Das darf nicht negativ bewertet werden, zumal den Hecken in den Siedlungsgebieten neben der ökologischen zusätzlich auch eine ästhetische Funktion zukommt. Und häufig würde schlicht der nötige Platz fehlen, um durch eine »wilde« Hecke ausreichend Sichtschutz zum benachbarten Grundstück zu schaffen. Regelmäßig und richtig beschnittene Zierhecken können bei geringer Breite sehr viel dichter werden und mehr Schutz bieten – eine Eigenschaft, die auch darin nistende Vögel wie Hänfling und Amsel unterstreichen.

Zierhecken existieren in den unterschiedlichsten Formen, Farben und Funktionen. Nur stichwortartig seien einige wichtige Typen genannt:

Immergrüne Laubgehölz-Hecken sind, wenn man etwa an den Buchsbaum denkt, schon seit Jahrhunderten feste Begleiter der Gärten. Andere immergrüne Gehölze sind Berberitze, Zwergmispel, Stechpalme, Lorbeerkirsche und Feuerdorn-Arten, die zwar in aller Regel nicht einheimisch, aber doch immerhin halbwegs winterhart sind.

Koniferenhecken bestanden früher sehr häufig aus Eibe; heute tritt vielfach der Lebensbaum an ihre Stelle. Hinzu kommen Kiefern, Fichten, Wacholder und säulenförmig wachsende Gartenzüchtungen verschiedener Zypressengewächse.

Blütenhecken bilden zur Blütezeit ihrer Sträucher farbenprächtige lebende Zäune. Forsythien und Flieder, Zierquitten, Buddleja, Felsenbirnen, Kornelkirsche, Weigelien, Spiersträucher, Schneeball und Heckenkirschen bieten sich für diesen Heckentyp besonders an.

Rosenhecken beanspruchen ein stabiles Klettergerüst, so weit es sich nicht um Strauchrosen handelt. Sie verlangen einen regelmäßigen fachmännischen Auslichtungsschnitt, damit sie gut blühen. Zudem sind solche Kletterrosen häufig sehr anfällig gegenüber »Schädlingen« und Krankheiten – es handelt sich eben nicht um einheimische Arten, die sich ökologisch häufig eher in einem Gleichgewicht befinden.

Formschnitthecken müssen aus solchen Gehölzen bestehen, die einen regelmäßigen und zum Teil den natürlichen Wuchsformen völlig zuwiderlaufenden Schnitt vertragen. Eibe, Buchsbaum und Hainbuche liefern schöne Beispiele für kugelige oder trapezartige Formen. Regelmäßiges und gekonn-

Brombeeren bilden, wenn sie sich nicht an größeren Gehölzen emporranken können, häufig Niederhecken.

In Baumhecken dominieren Gehölze baumartiger Wuchsformen; sie können von Nieder-, Mittel- oder Hochhecken gesäumt sein.

tes Schneiden bildet jedoch unbedingte Voraussetzung, damit tatsächlich dicht geschlossene grüne Oberflächen entstehen. Solchen strengen Heckenschnitt vertragen auch Feldahorn, rotlaubige Berberitzenformen, Hartriegel, Zwergmispel, Weißdorn, Rotbuche, Liguster, Heckenkirsche, Traubeneiche und Feldulme.

Daneben existiert noch eine ganze Reihe anderer Typen von Zierhecken – der Phantasie sind bei der Anpflanzung und Pflege kaum Grenzen gesetzt. Dabei müssen allerdings die örtlichen Standortbedingungen wie die Eigenschaften des Bodens und die Beschattung genauso berücksichtigt werden wie die jeweiligen Anforderungen an die Funktion einer Hecke. Der Wert von Zierhecken für den Naturschutz hängt sehr stark von den verwendeten Sträuchern ab. Allgemein ist die ökologische Bedeutung im Sinne des Naturschutzes um so größer, je mehr heimische, dem Standort angepaßte Gehölze gepflanzt werden.

Strauchgruppen

Was unterscheidet eine Hecke von einer Strauchgruppe? Eigentlich nur ihre Ausdehnung, wenngleich es dafür keine exakten Definitionen gibt. So sei lediglich darauf hingewiesen, daß auch Gruppen von drei oder vielleicht zehn Sträuchern ähnliche Charakteristika besitzen wie eine längere, linear erstreckte Hecke. Andererseits unterscheidet sie ihre äußere Gestalt von allen anderen Heckentypen, die zuvor beschrieben wurden (siehe Abbildung auf Seite 27).

Hecken planen, pflanzen und pflegen

Die Pflanzung einer Hecke will gut geplant sein, um spätere Überraschungen zu vermeiden und in jeder Hinsicht eine optimale Lösung zu finden – ganz gleich, ob es sich um eine Hecke im Garten, in öffentlichen Grünanlagen oder in der freien Landschaft handelt. Die erste Frage bezieht sich auf den Boden und den Standort: Welche natürlichen Bedingungen herrschen, an die man sich anpassen muß? Als nächstes gilt es, geeignete Straucharten auszuwählen: Welche Gehölze gehören in welche Hecke, wie lassen sich die Funktionen der künftigen Hecke am besten erreichen? Dann die technische Seite: Wie erfolgt die Pflanzung einer Hecke, wo bekommt man die Gehölze her?

Nach Beantwortung dieser Fragen wollen wir uns mit der sogenannten »Benjeshecke« befassen, die allein durch Schnittgut von Gehölzen – ohne jede Pflanzung – entsteht. Danach folgen Gestaltungsmöglichkeiten mit Hecken – zum Beispiel die Anlage eines Staudensaums und einer Übergangszone zum Gartenrasen. Und zum Schluß des Kapitels noch einiges zur Pflege, die jede Hecke in gewissen Zeitabständen benötigt.

Fragen des Standorts

Welcher Standort ist für eine Heckenanlage vorgesehen? Als wesentlicher Faktor wirkt der vorhandene Boden,

Hecken entstehen nicht nur durch Pflanzung. Wird auf Grenzertrags-Standorten die Nutzung eingestellt, breiten sich Gehölze rasch aus, wie hier dieses Ginster-Gestrüpp.

in welchem die Heckenpflanzen wurzeln sollen, aus dem sie Wasser und die notwendigen Nährstoffe aufnehmen. Seine Eigenschaften werden maßgeblich durch die Größe der ihn aufbauenden mineralischen Teilchen geprägt – je nachdem, mit welchen Anteilen gröbere Sandkörner, mittelfeine Schluffpartikel oder kleine Tonminerale beteiligt sind.

Mit Hilfe der einfachen Fingerprobe kann auch ein Laie wenigstens anhaltsweise und grob die Bodenart bestimmen. Dazu nehme man eine feuchte Bodenprobe aus etwas größerer Tiefe – nicht von der humushaltigen, dunkler gefärbten Auflage – zwischen die Fingerspitzen von Daumen und Zeigefinger und reibe diese gegeneinander. Enthält der Boden Sand, so spürt man dessen Einzelkörner, die sich bei genauerem Hinsehen auch mit bloßem Auge identifizieren lassen. Beim Schluff sind die Einzelkörper nicht mehr erkennbar, das Material fühlt sich samtartig mehlig an; Röllchen lassen sich mit Schluff nicht formen, er klebt nicht, haftet jedoch gut zwischen den Fingerrillen – trocknet ein schluffhaltiger Boden an den Fingern, so setzt er die Rillen mehlig zu. Ton dagegen schmiert und ist gut ausroll- und formbar.

Selten allerdings besteht ein Boden vollständig aus Sand, Schluff oder Ton. In aller Regel handelt es sich um ein Gemisch mit unterschiedlichen Anteilen aller drei Komponenten. Benannt wird ein solcher Boden nach der Bodenart, die überwiegt. Am wichtigsten sind in einer recht groben, hier aber ausreichenden Klassifikation drei Gruppen:

Sandböden enthalten viel Sand, mit der Konsequenz, daß Niederschlagswasser sehr schnell versickert und kaum gespeichert werden kann. Sandböden trocknen daher rasch aus. Das fortsickernde Wasser führt auch Mineralstoffe mit ab, so daß Pflanzennährstoffe relativ rar sind. Je mehr Schluff oder Ton ein Sandboden enthält, desto weniger stark können Nährstoffe und Wasser als Mangelfaktoren wirken.

Tonböden bilden das andere Extrem, denn sie neigen leicht zur Vernässung. Sie speichern in den Poren und in Zwischenräumen der Tonmineral-Schichten viel Wasser. In den kleinsten Lükken herrschen jedoch starke Bindungskräfte, so daß die Pflanzen das Bodenwasser nur zu geringeren Anteilen nutzen können. Mittelgroße und größere Poren fehlen weitgehend, so daß Pflanzenwurzeln am Eindringen gehindert werden. Auch das Versikkern von Niederschlagswasser wird durch die Tonschichten mehr oder weniger stark behindert.

Schluff- und Lehmböden nehmen eine Mittelstellung ein. Reine Schluffböden sind selten, auch sie neigen zu Verdichtung und Verschlämmung. Lehmböden werden aus gärtnerischer Sicht in der Regel als optimal angesehen, denn sie stellen eine recht ausgewogene und dabei fruchtbare Mischung von Sand, Schluff und Ton dar. Wasserversorgung und Speicherkapazität für Pflanzennährstoffe sind in der Regel gut.

Auf Lehmböden, das läßt sich verallgemeinernd sagen, gedeiht eine Vielzahl von Gehölzen gut. Für lehmige Standorte eignen sich die meisten Arten. So bieten sich vielfältige Möglichkeiten an. Schwieriger wird es auf stärker sandigen oder tonigen Böden.

Nicht vergessen darf man die geographische Lage, besonders wenn man Wert auf eine naturnahe Zusammensetzung der Hecke legt. Denn manche Pflanzen wachsen nur in atlantischen, meeresnahen Klimagebieten, andere brauchen's etwas wärmer und sind von Natur aus auf klimatisch begünstigte Gebiete (Wärmeinseln) beschränkt. Die einen kommen nur im Flachland, die anderen allein in den Mittelgebirgen, wieder andere in den

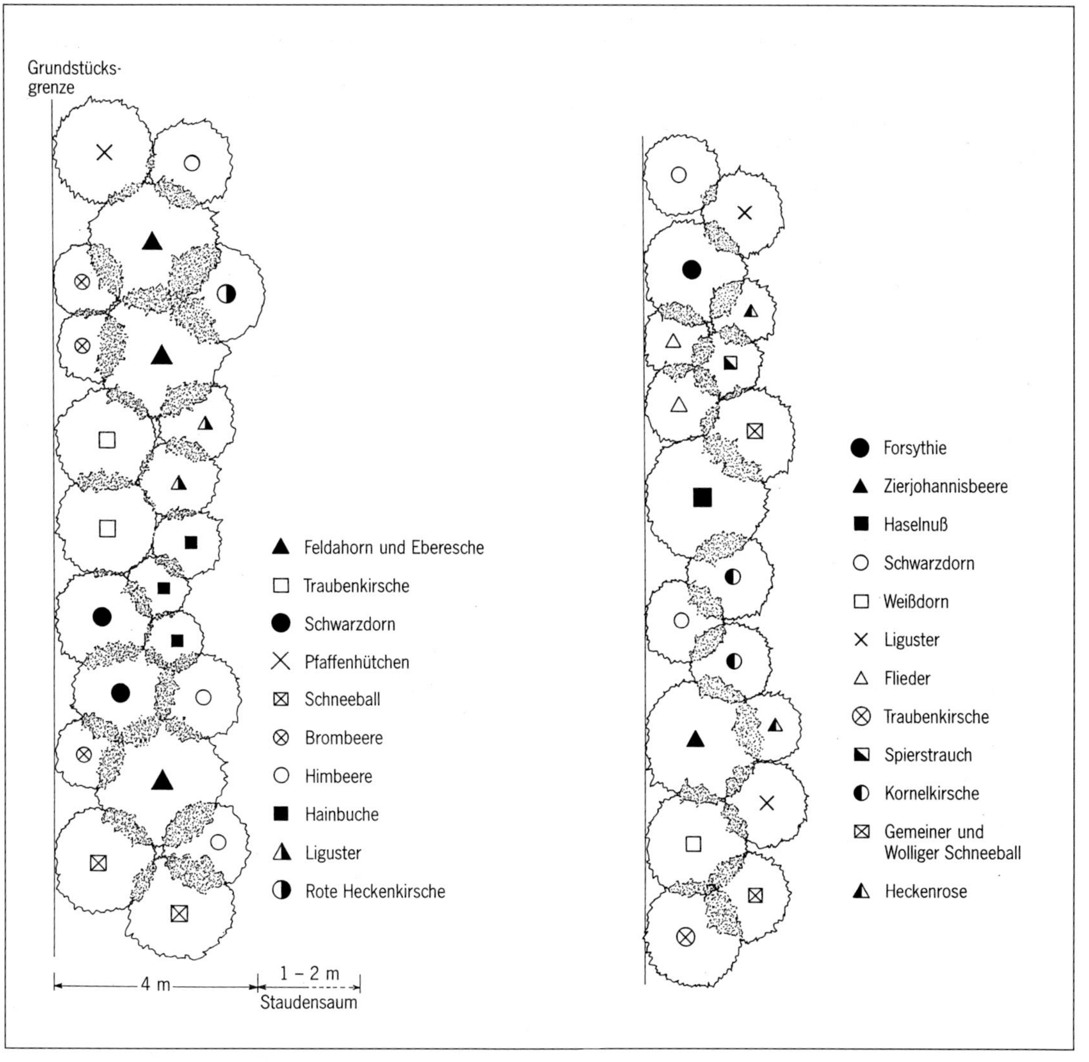

Links: Zweireihige Hecke aus einheimischen Gehölzen zur Grundstücksabgrenzung.

Rechts: Blütenhecke ohne Formschnitt.

Alpen vor. Und ein anderer Faktor ist die kleinstandörtliche Lage der Pflanzfläche: Liegt sie im kühlen Schatten von Gebäuden, eines Waldes oder Gehölzes? Oder ist sie südexponiert, im Windschatten eines Hauses oder im Schutze größerer Bäume voll der Sonneneinstrahlung ausgesetzt? Die Antworten auf solche Fragen tragen weiter dazu bei, die optimal geeigneten Gehölze auszuwählen. Wer sich mit solchen Dingen vor der Pflanzung intensiv befaßt, vermeidet in den meisten Fällen spätere Enttäuschungen.

Auswahl der Gehölze

Unabhängig von dem vorgesehenen Standort einer Hecke sollte man sich über die Hauptfunktion des Gehölzstreifens im klaren sein. In der Feldflur, an Waldrändern oder sonst in der freien Landschaft sollte der Naturschutz als Zweck im Vordergrund stehen: Neue Hecken sollen heimischen Pflanzen- und Tierarten als Lebensraum dienen und vielleicht zu einem Biotopverbund beitragen – zu der Verbindung verschiedener Lebensräume

Links: Einreihige Fruchthecke aus heimischen Wildsträuchern.

Rechts: Schlehen-Liguster-Gebüsch als naturnahe Hecke in der Feldflur auf trockenem Kalkboden süddeutscher Mittelgebirge.

für gehölzbewohnende Arten. Folglich ist auf eine möglichst vielfältige und der Natur nachempfundene Wahl der Gehölzarten zu achten. Besser als das Studium bunter Gartenfachkataloge ist in solchen Fällen eine Exkursion in die Umgebung: Aus welchen Sträuchern und Bäumen bestehen die bereits existierenden Hecken und Waldmäntel? Vielleicht gelingt es sogar, die dortigen Pflanzengesellschaften (siehe Seite 85) zu identifizieren. Die Arten, die hier vertreten sind, gehören dann in aller Regel auch in die neu gepflanzte Hecke. Sachkundige Botaniker, die das Gebiet kennen, werden dabei sicherlich manchen guten Ratschlag erteilen können.

Weitere Funktionen, die Hecken in Agrarlandschaften erfüllen, wie der Windschutz, bleiben dabei nicht außer acht: Eine naturnahe Hecke, die nicht zu dicht wuchert, bremst auch den Wind und kann eine gewisse Ertragssteigerung auf den angrenzenden Feldern bewirken.

Anders liegen die Anforderungen an Hecken zumeist in den Städten und Dörfern. Hier soll vielfach ein Schutz vor fremden Blicken, vor Lärm und Schadstoffen erreicht werden. Gefragt sind also Gehölze, die einen regelmä-

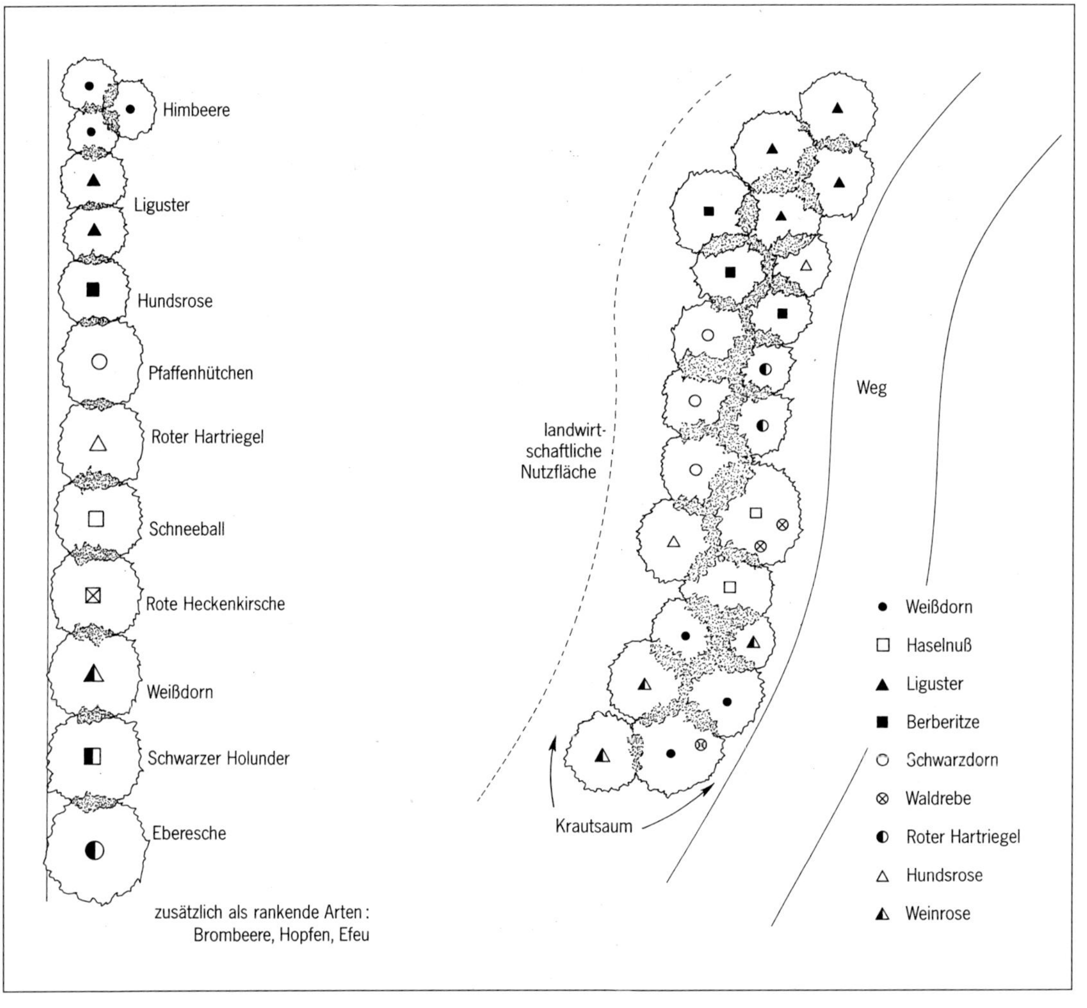

ßigen, ein- bis mehrmals jährlich ausgeführten Schnitt vertragen und dann einen dichten, grünen Zaun bilden. Auch steht nicht immer der nötige Platz zur Verfügung, um »wilde«, ungeschnittene oder nur sporadisch ausgelichtete Hecken wachsen zu lassen. Schließlich sollen Hecken im Siedlungsraum auch als gartengestalterisches Mittel dienen, um mit Formen und Farben ein buntes, möglichst zu allen Jahreszeiten attraktives und abwechslungsreiches Bild zu komponieren. Dann treten neben den Wuchsformen und Standortsansprüchen der Gehölzarten auch ihre Blüten und Früchte, ihre Laubfärbung und vielleicht ihr immergrünes Kleid als entscheidende Kriterien in den Vordergrund.

Dennoch: Auch Zierhecken müssen nicht allein von fremdländischen und züchterischen Exklusivitäten aufgebaut werden – ihre Anforderungen lassen sich in den meisten Fällen mit ökologischen Ansprüchen des Naturschutzes unter einen Hut bringen. Die heimische Flora hält eine Fülle an Gehölzen bereit, die neben ihrer Schönheit, Schutz- und Grenzfunktion im Garten auch einheimischen Tierarten als oft unverzichtbarer Lebensraum dienen. Fremdländische Gehölze und Zuchtformen hingegen können von vielen Tierarten nicht oder nur eingeschränkt genutzt werden. So tragen heimische Sträucher und Bäume gleichzeitig zur Belebung, zu einer höheren Erlebnisvielfalt in den Gärten und Grünanlagen bei.

In der Tabelle sind die wichtigsten Gehölze mit Angaben zu ihren Standortansprüchen aufgelistet, und zwar unterteilt in mittelgroße Sträucher, höherwüchsige Sträucher und Bäume. Ihre Merkmale, Eigenschaften und Ansprüche werden im Kapitel »Hecken-

Handelsübliche Baumschulware führt landläufig zu solchen ökologisch minderwertigen Durchschnitts-Hecken. Die heimische Natur bietet bessere Alternativen.

Geeignete Strauch- und Baumarten zur Heckenpflanzung

Art	maximale Höhe in m	Licht	Boden-feuchte	Nährstoff-gehalt
Sträucher mittlerer Wuchshöhe				
Berberitze (*Berberis vulgaris*)	1-3	○	□ ◪	xx-xxx
Brombeer-Arten (*Rubus fruticosus*-Gruppe)	1-3	○ ◒ ●	□ ◪	x-xxx
Buchsbaum (*Buxus sempervirens*)	1-4	◒	□ ◪	xx
Felsenbirne (*Amelanchier* spec.)	1-2(-5)	○	□ ◪	x-xxx
Feuerdorn (*Pyracantha coccinea*)	3-4	○ ◒ ●	◪	x-xxx
Forsythie (*Forsythia* spec.)	1-3	○ ◒ ●	◪	x-xxx
Hartriegel, Roter (*Cornus sanguinea*)	2-4	○ ◒ ●	□ ◪	x-xxx
Heckenkirsche, Rote (*Lonicera xylosteum*)	4	◒ ●	□ ◪	xxx
Hecken-, Hundsrose (*Rosa canina*)	2-3	○ ◒	□ ◪	xx
Himbeere (*Rubus idaeus*)	1,5	○ ◒	◪ ■	xx-xxx
Johannisbeere (*Ribes* spec.)	1-3	○ ◒ ●	◪	x-xxx
Kreuzdorn (*Rhamnus catharticus*)	3	○ ◒	□	x-xxx
Liguster (*Ligustrum vulgare*)	1-5	○ ◒	□ ◪	xx-xxx
Pfaffenhütchen (*Euonymus europaea*)	3	○ ◒	□ ◪	xx-xxx
Schneeball, Gewöhnlicher (*Viburnum opulus*)	3-4	○ ◒	◪	x-xxx
Schneeball, Wolliger (*Viburnum lantana*)	3-4	○ ◒	□ ◪	xx
Schwarzdorn, Schlehdorn (*Prunus spinosa*)	3	○	□ ◪	xxx
Spierstrauch (*Spiraea* spec.)	0,5-3	○ ◒ ●	□ ◪ ■	x-xxx
Wacholder (*Juniperus communis*)	3	○	□	x-xxx
Weigelie (*Weigela* spec.)	1-2	○ ◒	□ ◪	
Weißdorn (*Crataegus* spec.)	4	○	□ ◪	xx-xxx
Zierquitte (*Choenomeles* spec.)	1-2	○ ◒	◪	xx
Zwergmispel (*Cotoneaster* spec.)	1-2(-5)	○ ◒	□	x-xxx
Hochwüchsige Sträucher				
Faulbaum (*Frangula alnus*)	5	○ ◒ ●	◪ ■	x-xxx
Flieder (*Syringa vulgaris* u.a.)	2-6	○ ◒ ●	□ ◪	
Haselnuß (*Corylus avellana*)	5-8	○ ◒ ●	□ ◪	xx-xxx
Holunder, Schwarzer (*Sambucus nigra*)	3-7	◒	◪	xxx
Kornelkirsche (*Cornus mas*)	7	◒	□ ◪ ■	xx
Lebensbaum (*Thuja occidentalis*)	1-10	○ ◒ ●	◪	xx
Traubenkirsche (*Prunus padus*)	10	◒	◪ ■	xxx
Bäume				
Ahorn, Berg- (*Acer pseudoplatanus*)	30	◒	◪	xx-xxx
Ahorn, Feld- (*Acer campestre*)	15	○ ◒ ●	□ ◪	xx
Ahorn, Spitz- (*Acer platanoides*)	25-30		◪	xxx
Eberesche (*Sorbus aucuparia*)	15	○ ◒ ●	◪	x-xx
Eibe (*Taxus baccata*)	20	◒ ●	◪	x-xxx
Eiche, Stiel- (*Quercus robur*)	30-35	○	◪ ■	xx
Eiche, Trauben- (*Quercus petraea*)	35-40	○	□ ◪	x-xxx
Fichte (*Picea abies*)	35-40	○ ◒	◪	x-xxx

Geeignete Strauch- und Baumarten zur Heckenpflanzung

Art	maximale Höhe in m	Licht	Bodenfeuchte	Nährstoffgehalt
Hängebirke (*Betula pendula*)	25	○	□ ◪ ■	x-xx
Hainbuche (*Carpinus betulus*)	20	○ ◒	◪	xxx
Kiefer, Gemeine (*Pinus sylvestris*)	35-40	○ ◒	□	x-xx
Linde, Sommer- (*Tilia platyphyllos*)	40	○ ◒	◪	xx-xxx
Linde, Winter- (*Tilia cordata*)	25	○ ◒	□ ◪	x-xxx
Mehlbeerbaum (*Sorbus aria*)	10-15	○	□	x-xx
Rotbuche (*Fagus sylvatica*)	30-35	◒ ●	◪	xx
Vogelkirsche (*Prunus avium*)	20	○	◪	xxx
Weide, Purpur- (*Salix purpurea*)	10	○	□ ◪ ■	xxx
Weide, Sal- (*Salix caprea*)	10	○	◪	xxx

Lichtansprüche: ○ Licht ◒ Halbschatten ● Schatten
Bodenfeuchte: □ trocken ◪ frisch ■ naß
Nährstoffgehalt: x arm xx mittel xxx reich

pflanzen in Garten und Landschaft« näher beschrieben. Dort sind auch die für Kleinhecken von wenigen bis einigen Dezimetern Höhe geeigneten Arten und zum Teil auch Sorten aufgeführt (ab Seite 55).

Bewußt wurde das Schwergewicht bei der Auswahl der Gehölze auf einheimische Arten gelegt, um – im Gegensatz zu den Gartenkatalogen – einen Anreiz zu geben, sich mit den Schätzen der uns umgebenden Natur zu beschäftigen und wie unsere Großeltern und deren Vorfahren daraus Heckenpflanzen für den Garten auszuwählen. Dennoch erfolgen immer wieder auch Hinweise auf verwandte fremde Arten und solche Gehölze, die als Ziersträucher eine größere Verbreitung besitzen, ohne im deutschsprachigen Raum von Natur aus zu Hause zu sein.

Die Pflanzung

Nicht unbedingt leicht fällt das Beschaffen des Pflanzgutes, wenn man von den Standardangeboten der Gartencenter und Versandhäuser abweichen möchte. Für Hecken in der freien Landschaft sollte nach Möglichkeit stets im jeweiligen Gebiet natürlich gewachsenes Pflanzgut verwendet werden. Man kann an bestehenden Hecken und auf Kahlschlagflächen im Wald vielfach entsprechende junge Sträucher ausgraben. Dies setzt selbstverständlich eine Genehmigung seitens der zuständigen Forstbehörde voraus. Ansonsten sollte man sich kritisch in Baumschulen umsehen und darauf bestehen, Wildformen anstelle von Zuchtsorten der ausgewählten Sträucher und Bäume zu erhalten. Möglich ist aber auch die Anzucht aus Samen, die von Wildpflanzen gesammelt werden. Dazu eignen sich alle reinen Arten, die bisher nicht irgendwie züchterisch bearbeitet wurden. Allerdings erfordert das etwas Aufwand.

Anzucht und Steckhölzer

Zunächst muß das Saatgut von der Ernte bis zum kommenden Frühjahr richtig aufbewahrt werden. Bei Samen, die in trockenen Früchten wie Hülsen, Kapseln oder Schoten reifen, ist das unproblematisch: Sie können einfach trocken gelagert werden. In Fruchtfleisch reifende Samen oder stark ölhaltige Früchte benötigen da-

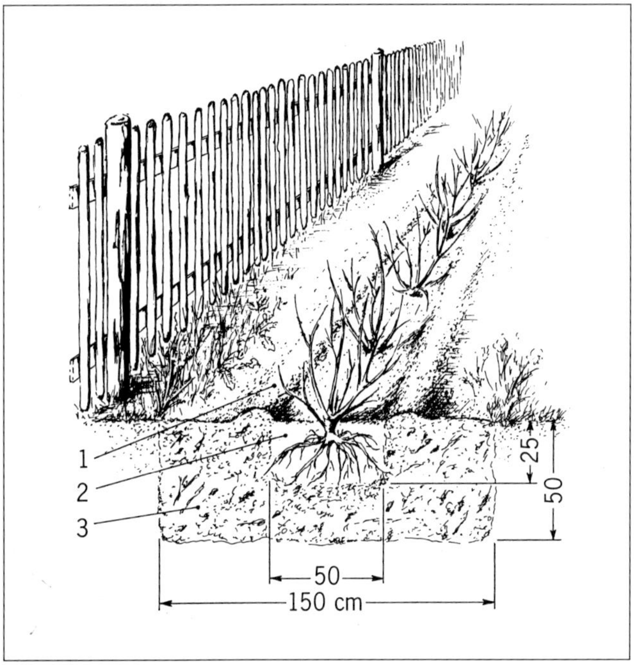

Heckenpflanzung. Der Abstand des Pflanzstreifens vom Zaun muß mindestens so groß sein wie der Durchmesser der künftigen Hecke. Nach der Pflanzung schneidet man die Gehölze gleichmäßig zurück.
1 Gießwall,
2 Pflanzgraben,
3 bearbeiteter Boden.

gegen den Winter über Feuchtigkeit und Kälte, sie müssen stratifiziert werden. Das bedeutet, daß ein Gefäß jeweils abwechselnd mit 2 cm dicken Schichten aus feuchtem Sand und Samen gefüllt wird. Die Abschlußschicht besteht aus Sand. Dieses Gefäß ist dann in die Erde einzugraben. Weißdorn und Rosen zum Beispiel keimen allerdings erst im zweiten Jahr – sie müssen so lange ruhen und sollten erst bei Erscheinen der Keimlinge zusammen mit dem Sand ausgesät werden.

Im zeitigen Frühjahr erfolgt die Aussaat in Töpfe oder direkt ins Freiland, wobei eine Strohschicht auf der Bodenoberfläche vor Austrocknung und Frostschäden schützt. Die Keimlinge müssen später pikiert werden, wenn sie zu eng stehen. Im Frühjahr des folgenden Jahres werden die Sämlinge verschult, das heißt auf ein neues Beet verpflanzt. Dabei werden sehr lange Wurzeln etwas gekürzt. Die Pflanzabstände sollten 20 bis 25 cm betragen. Sehr stark wüchsige Gehölze können bereits zurückgeschnitten werden, um einen stärker buschigen Wuchs zu erzielen. Ansonsten erfolgt dieser Rückschnitt erst beim letztmaligen Umpflanzen in die Hecke, das im Herbst desselben Jahres oder – bei weniger kräftigen Pflanzen – im darauffolgenden Jahr geschehen sollte.

Eine andere Möglichkeit ist die vegetative Vermehrung durch Stecklinge. Dazu werden Steckhölzer geschnitten: Darunter versteht man 18 bis 22 cm lange Zweigabschnitte in laublosem Zustand, die unbedingt vor Eintreten des ersten starken Frostes geschnitten werden müssen. Dazu sollten kräftige einjährige Zweigabschnitte ausgesucht werden. Steckhölzer werden nach Überwinterung (in feuchtem Sand eingeschlagen) im zeitigen Frühjahr gesteckt, und zwar in Abständen von 5 bis 8 cm im Freiland oder in entsprechenden Vermehrungskästen. Stärkerer Frost sollte zu diesem Zeitpunkt jedoch nicht mehr drohen. Die gesteckten Hölzer sollen nur noch 3 bis 5 cm aus der Erde ragen, um dann mit Sägemehl (aus Gründen des Moorschutzes keinesfalls Torf!) abgedeckt zu werden.

Allerdings eignet sich nur der kleinere Teil von Heckensträuchern und -bäumen für die Steckholz-Vermehrung: zum Beispiel Deutzie, Forsythie, Geißblatt bzw. Heckenkirsche, Holunder, Johannisbeere, Liguster, Sanddorn, Schneeball, Spierstrauch, Ulmen, Weiden, Weigelie und Zwergmispel.

Junge Laubhölzer sollten, soweit es sich nicht um Bäume handelt, in ihrem zweiten Lebensjahr vor dem Laubaustrieb einen Verjüngungsschnitt erhalten. Dazu werden die Sträucher vergleichsweise radikal zurückgeschnitten, um die Wurzelbildung und eine buschartige Verzweigung zu fördern.

Technik des Pflanzens

Saubere Pflanzarbeit ist bei allen Gehölzen eine wesentliche Grundlage für das Gelingen. Da wäre zunächst die Frage nach dem richtigen Zeitpunkt: Allgemein ist das Winterhalbjahr zu empfehlen, genauer die Zeit der Saftruhe. Bei Laubhölzern dauert sie von Mitte Oktober bis Ende April, bei Nadelhölzern setzt sie bereits ab September ein. Natürlich darf während der Pflanzung kein Frost herrschen. Unproblematisch ist besonders der Monat Oktober, bei Nadelgehölzen der September; dann können die Pflanzen bis zur Winterruhe noch ausreichend neue Wurzeln bilden. Handelt es sich jedoch um kultivierte Jungpflanzen, so ist die Pflanzung praktisch das ganze Jahr über möglich, wenn anschließend für eine ausreichende Wässerung gesorgt wird.

Die Pflanzgrube sollte größer sein als der Wurzelballen des entsprechenden Gehölzes. Denn in einen gelockerten Boden können die Pflanzenwurzeln leichter eindringen als in möglicherweise stark verdichteten. Ob zugleich eine Bodenverbesserung durchgeführt werden soll, hängt vom Einzelfall ab: Handelt es sich um fruchtbare Garten- oder Ackererde, so erübrigt es sich, hier nachzuhelfen. Auf stark sandigen oder tonigen Böden jedoch wirkt die Beimischung von Komposterde positiv; als Grunddüngung ist dann das Ausbringen von 0,5 bis 1 m^3 Kompost pro 100 m^2 Fläche sinnvoll. Auch hier darf kein Torf eingebracht werden, der zudem – im Gegensatz zum Kompost – keinerlei Düngewirkung hat.

Es kann nicht schaden, die Gehölze vor dem Einpflanzen für einige Stunden in Wasser zu stellen – besonders dann, wenn die Wurzeln oder der Ballen durch den Transport etwas trocken wurden.

Vor dem Einpflanzen sind alle etwas stärkeren Wurzeln zu beschneiden, um die Bildung neuer Wurzeln zu fördern und ein Abfaulen der beim Ausgraben verletzten Teile zu vermeiden. Die Äste der Gehölze benötigen nur einen behutsamen Rückschnitt, bei dem angeknickte Zweige sauber abgeschnitten werden.

Zu achten ist auf die richtige Höhe der Erdoberfläche, die nicht über und nicht unter dem bisherigen Niveau liegen sollte, auf keinen Fall darf der Wurzelballen zu tief kommen. Danach die Wurzeln behutsam in das Pflanzloch legen und mit Erde auffüllen; diese rings um den Stamm etwas festdrücken. Anschließend gut wässern (»einschlämmen«). Größere Sträucher und Bäume müssen entweder durch Spannen eines Drahtes oder durch Anflocken befestigt werden; ihr Anwachsen läßt sich durch häufigeres Wässern fördern. Durch Ausformen einer Gießmulde oder -rinne kommt das Gießwasser an die richtige Stelle. Der

Das Pflanzloch muß größer sein als der Wurzelballen. Wichtig ist ein sorgfältiges Einschlämmen der jungen Sträucher.

Boden sollte durch Stroh, Mist, Grünabfälle oder Kompost abgedeckt werden, um eine ausreichende Bodenfeuchte zu erhalten und in der Anwachsphase die Konkurrenz durch Wildkräuter zu begrenzen.

Generell können folgende Zahlen für den Bedarf an Heckengehölzen zugrunde gelegt werden: Für niedrigere Hecken bis etwa 1 m Wuchshöhe benötigt man drei bis vier Sträucher pro Meter bei einreihiger Pflanzung, für höhere Hecken zwei bis vier Sträucher pro laufenden Meter. Bei mehrreihiger beziehungsweise unregelmäßiger Pflanzung liegt der Bedarf entsprechend höher. Für streng formierte Schnitthecken sind drei bis fünf Pflanzen pro Meter zu veranschlagen.

Besonders für Hecken mit Gehölzen verschiedener Arten gilt der Rat, sich vorher ein Pflanzschema zu überlegen, wie die Mischung und die jeweiligen Pflanzabstände aussehen sollen. Oder man verteilt die Gehölze ad hoc auf der gesamten Heckenlänge, bevor man mit dem Ausheben der Pflanzlöcher beginnt. Bei gemischten Hecken, die aus verschiedenen Gehölzarten bestehen, wirkt ein gleichförmiges Pflanzschema, bei dem sich ein Strauch der einen mit dem nächsten Strauch der anderen Art abwechselt, langweilig und sogar unvorteilhaft: Bessere Erfolge werden – gerade bei breiteren, »wilden« Hecken – erzielt, wenn man wenige bis mehrere Sträucher ein und derselben Art in kleinen Gruppen pflanzt. Andernfalls passiert es leicht, daß die konkurrenzstärkeren, raschwüchsigen Arten die benachbarten schwächeren Einzelsträucher überwuchern oder doch zumindest kümmern lassen.

Bei Grenzpflanzungen etwa am Rande des Gartens stellt sich die Frage, wie groß der Abstand zum Zaun bzw. zur Grenzlinie sein muß. Man tut gut daran, darüber bereits in der Planungsphase mit dem Nachbarn zu sprechen. Konflikte vermeidet, wer eine Distanz von der Hälfte der künftigen Heckenhöhe einhält. So verbleibt bei Pflanzung einer 1 m breiten wie hohen Hecke mit 1 m Pflanzabstand immer noch eine 50 cm breite »Arbeitsgasse« zwischen Heckenrand und Zaun. Ökonomischer im Hinblick auf den Platzbedarf wäre jedoch der Verzicht auf diesen Streifen. Doch sollte man die Frage klären, ob ein vorhandener Zaun sporadische Wartung wie das Streichen der Pfosten benötigt, oder ob ein Zaun bei entsprechender Dichte der Hecke letztlich sogar überflüssig wird. Für die nicht flugfähigen Tiere, etwa den Igel, wäre dies ein entscheidender Vorteil, weil ihr Aktionsraum von Natur aus größer als die Fläche eines Gartens ist und sie ungehindert umherstreifen könnten, sofern der Zaun als Barriere wegfällt.

Pflege junger Anpflanzungen

In den ersten Sommern nach der Pflanzung sind die jungen Heckensträucher vielfach noch nicht so kräftig, daß sie der Konkurrenz durch raschwüchsige, krautige Pflanzen gewachsen wären. Um Verluste zu verhindern, muß die Pflanzendecke zwischen den Anpflanzungen in der Regel mindestens einmal jährlich mit Hilfe einer Sense, Motorsense oder Sichel abgemäht werden. Dabei gilt es, besondere Vorsicht walten zu lassen, um die noch dünnen Gehölztriebe nicht zu beschädigen. Das Mähgut sollte gut verteilt unter den Sträuchern liegen bleiben, um als Mulchmaterial den Neuaustrieb der Kräuter und Gräser zu bremsen.

Herbizide zur Wildkraut-Bekämpfung sind generell abzulehnen – mit der Verpflichtung zu umweltfreundlichem Handeln vertragen sie sich nicht. Man kann im ersten Jahr krautige Bodendecker wie Klee oder *Phacelia* aussäen, um zu stark wüchsige Wildkräuter zurückzuhalten und gleichzeitig den Boden zu verbessern.

Auf keinen Fall sollte man den Sträuchern immer wieder an den Füßen herumkratzen, weil damit Wurzeln verletzt werden und sich kein intensives Bodenleben entfalten kann: Bodenlockerung mit Hackfräsen, Hakken oder Dreizinken zur Wildkraut-Bekämpfung und zum Aufbrechen verdichteter Oberflächen bleibt nur eine Notlösung auf unbedeckten und besonders stark tonhaltigen, zur Verdichtung und Verschlämmung neigenden Böden. Besser und viel weniger arbeitsaufwendig ist eine bedeckte Bodenoberfläche.

Von vornherein beschränken läßt sich die Ausbreitung der anfangs wegen der Konkurrenz unerwünschten Wildkräuter am besten durch das Mulchen: Sofort nach der Pflanzung wird der Boden mit einer maximal 5 cm dicken Schicht aus Grünabfällen abgedeckt. Dies kann Rasenschnitt, Mähgut einer Wiese, Stroh, Kompost oder Rindenkompost sein. Mulchen wirkt in verschiedener Hinsicht positiv: Das Aufkommen von Wildpflanzen, die mit den Sträuchern um Licht und Nährstoffe konkurrieren, wird stark verzögert bzw. gebremst. Der Boden trocknet bei weitem nicht so leicht aus und bleibt locker, in der Mulchschicht und darunter im feuchteren Boden kann sich ein reiches Bodenleben entfalten. Außerdem kann Wasser aus Niederschlägen und aus der Gießkanne besser in den Boden einsickern und bis zu den Wurzeln vordringen.

Weitere Düngung bleibt in der Regel überflüssig, zumal über die unbedingt zu empfehlende Mulchschicht peu à peu weitere Nährstoffe in die Wurzelzone gelangen.

»Benjeshecken« – der Natur ihren Lauf lassen

Unter Naturschützern wurde die sogenannte »Benjeshecke« zum Schlagwort. Beweist sie doch, daß sich zumindest in der freien Landschaft die Natur noch weitgehend alleine regenerieren kann und nicht unbedingt stets aufwendige Pflanzarbeiten notwendig sind, um neue Hecken anzulegen. Was aber verbirgt sich hinter der »Benjeshecke«?

Beim Rückschnitt oder Verjüngen bestehender Hecken anfallendes Schnittgut wird andernorts auf Wälle oder ebenerdig aufgehäuft. Durch anfliegende und von Vögeln und anderen Tieren herbeigetragene Samen entwickelt sich aus dieser toten allmählich eine lebende Hecke. Allerdings ist dies keine neue Idee des Heckenschützers Benjes, der diese Art der Heckenanlage nach sich selbst benannte: Diese Methode gehört zu den ältesten Entstehungsformen von Hekken und ist mindestens viele Jahrhunderte alt. Ein Vorteil gegenüber der Anpflanzung junger Sträucher war möglicherweise neben dem geringeren Arbeitsaufwand, daß bereits das trockene Schnittgut sofort eine gewisse (wenn auch nicht vollständige) Abgrenzungsfunktion etwa von Viehweiden gegenüber benachbarten Grundstücken übernehmen kann. Ein Flechtzaun war im Vergleich dazu wirkungsvoller, und auch er wurde vermutlich mehr oder weniger rasch von ansamenden Gehölzen überwuchert und so zur lebenden Hecke.

Heute findet diese Art der Heckenanlage nicht überall ungeteilte Zustimmung. Nicht angewendet werden sollte sie dort, wo noch Wurzelstöcke lebender Gehölze vorhanden sind, denn die abgeschnittenen Äste bewirken eine zu starke Beschattung und können den Neuaustrieb verhindern. Wenn Hecken jedoch gänzlich neu – etwa auf ehemaligem Ackerland – angelegt werden sollen, kann die Schnittgut-Methode wenigstens teilweise aufwendige und nicht ganz billige Pflanzungen ersetzen. Im Optimalfall ergänzen sich beide Wege auf nahegelegenen Flächen.

Anlage von Wallhecken

Als Charakteristika bestimmter Landschaften gehören Wallhecken vor allem in die norddeutschen Flachlandgebiete, und ihre Eigenart erfordert eine gesonderte Betrachtung. Wallhekken oder Knicks besitzen vielfältige Funktionen im Naturhaushalt, die ebenerdig angelegte Hecken bei weitem nicht in vollem Umfang erfüllen können. Aus diesem Grund sollen und müssen dort in der freien Landschaft, doch auch in den Dörfern und Städten an den Grundstücksgrenzen Wallhekken neu angelegt werden. Dies erfordert, wenn ehemalige Wälle beseitigt wurden, einen größeren Aufwand, weil Erdbewegungen notwendig sind. Doch sollte man diesen Aufwand nicht scheuen: In der niedersächsischen Gemeinde Ganderkesee beispielsweise schrumpfte der Bestand an Wallhecken von 1372 km Länge Anfang des 20. Jahrhunderts auf heute nur noch 278 km. Das bedeutet eine Reduktion um vier Fünftel. Von dem Anno 1842 vorhandenen Netz blieben sogar nur 13 Prozent übrig. Im Sinne des Biotopverbunds liegt hier ein großes Aktionsfeld vor uns, um wenigstens teilweise Ersatz für die zerstörten Hecken zu schaffen und die verbliebenen Reste miteinander zu verknüpfen und zu einem Netz zusammenzufügen. In anderen Gemeinden sind die Verluste noch deutlich größer.

Der Aufbau des Walls sollte sich an den historischen Beispielen orientieren. Der Wallkern kann entweder aus Bodenmaterial aufgeschüttet werden, das aus seitlich beiderseits anzulegenden Gräben oder aus andernorts gewonnenem Aushub stammt. Dabei sollten allzu große Transportentfernungen vermieden und stets Material desselben Bodentyps wie am Standort verwendet werden. Oder man schüttet Steine, Äste, Baumstubben und ähnliches Material auf. Zumindest einzelne Steine sollten stets Verwendung finden, um dem Wall eine bessere Stabilität zu geben. Immer sollte die unter dem geplanten Wall liegende Grasnarbe zuvor abgetragen werden. Der Kern wird mit humosem Boden und anschließend mit Grassoden abgedeckt.

Der Wall sollte 1 m hoch und am Fuße 2,5 m, an der Krone 80 cm breit sein. Weil das frisch aufgeworfene Material jedoch um durchschnittlich ein Drittel zusammensackt, muß man den Wall zunächst 1,5 m hoch anlegen. Das bedeutet, pro Kilometer Wall sind 1650 m^3 Erdmaterial zu bewegen. Viele Projekte zur Neuanlage von Wallhecken in den vergangenen Jahren mißachteten die zu erwartende Sakkung des lockeren Bodens, so daß letztlich nur 50 cm hohe und noch niedrigere Wälle entstanden.

Auf dem Wall wird eine Pflanzmulde modelliert, so daß Niederschlagswasser besser aufgefangen wird und stärker in den Wall und damit die Wurzelzone sickern kann. Auch hier ist der Herbst (Oktober) die günstigste Pflanzzeit. Der mittlere Abstand zwischen den einzelnen Gehölzen beträgt 50 cm; je nach Breite der Wallkrone kann ein- oder mehrreihig gepflanzt werden. Bewährt hat sich zweireihiges, gegeneinander versetztes Pflanzen auf Lücke. Exemplare derselben Gehölzart sollten – vor allem bei schwächerwüchsigen Arten – jeweils in kleinen Gruppen zu mehreren Sträuchern gesetzt werden.

Besonders wichtig bei Wallhecken ist ihre Abzäunung gegenüber Weideflächen und auch anderen landwirtschaftlich genutzten Parzellen. Im oldenburgischen Ganderkesee sind 89 Prozent der Wallhecken durch Überweidung geschädigt. Verfallene und zerstörte Wälle sind wiederherzurichten, Lücken im Gehölzbestand durch Neupflanzungen zu schließen. Ein Stacheldrahtzaun, im Landkreis Oldenburg bezuschußt, soll Tritt- und Fraßschäden durch das Vieh verhindern.

Zu Verbiß- und Trittschäden an Wallhecken kommt es, wenn die Weidetiere nicht durch einen geeigneten Zaun abgehalten werden.

Hecken brauchen Pflege

Auslichten und Rückschnitt benötigen die Hecken für ihre langfristige Erhaltung und für einen schönen Wuchs. Intensität und Häufigkeit solcher Eingriffe richten sich nach Form und Funktion der Hecken: Wilde Naturhecken verlangen lediglich in durchschnittlich acht- bis 15jährigen, teils noch größeren Abständen Verjüngung durch Auf-den-Stock-Setzen. Formschnitt-Hecken bilden das andere Extrem, indem sie ein- oder mehrmals jährlich geschnitten werden müssen, um eine gleichmäßig grüne Oberfläche und durchweg dichten Wuchs zu zeigen.

Alle Schnittarbeiten sollten im Winterhalbjahr während der Saftruhe erfolgen, also zwischen November und März. Die einzige Ausnahme bilden nicht völlig frostharte (fremdländische) Gehölze wie der Sommerflieder *(Buddleja)*, die an den diesjährigen Trieben blühen; sie sollten erst im Frühjahr unterhalb der erfrorenen Äste geschnitten werden. Ein Herbstschnitt würde in diesen Fällen den Frühlingsschnitt nicht ersetzen, sondern eher größere Verluste durch Erfrieren bedeuten.

Auslichten

Der Auslichtungsschnitt wird gern vernachlässigt. Er dient bei den Garten- und Parkhecken dazu, überschüssige Bodentriebe der Sträucher, die zu schwach sind und ohnehin später verkümmern, herauszunehmen. Diese Triebe würden folglich der Pflanze aus gärtnerischer Sicht überflüssige Kräfte kosten. Vier oder fünf Jahre nach der

Heckenpflanzung sollte ein solches Auslichten erstmals erfolgen. Ebenso werden dabei veraltete Stämme herausgeschnitten, und zwar entweder bis zu einer Stelle, an der kräftige Jungtriebe am Stamm ansetzen, oder, wenn solche fehlen, bis zur Basis am Boden.

Das Auslichten bewirkt einen stärkeren Blüten- und Fruchtansatz bei den Sträuchern und ist besonders bei Ziersträuchern und Zuchtformen wichtig. Bei Wildsträuchern und allgemein bei naturnahen Hecken kann man ganz darauf verzichten, damit sich ein Dickicht mit einem hohen Anteil toter, abgestorbener Äste entwikkeln kann, die ja für viele Tierarten ein wichtiges Element ihres Lebensraumes bilden. Einziger Nachteil: Die Sträucher blühen weniger, die Hecke wird hoch und breit. Nicht ausgelichtete Schnitthecken verkahlen in ihrem unteren Bereich leicht. In der freien Landschaft spielt dies keine Rolle, dort soll der Natur weitgehend freier Lauf gelassen werden.

Kronenkorrektur

Ebenso wie ein Auslichtungsschnitt wird eine Kronenkorrektur nur bei beengten Verhältnissen innerhalb der Siedlungen und Gärten fällig, wenn eine Hecke zu hoch wird. Dafür werden einzelne besonders hoch aufschießende oder weit ausladende Äste herausgenommen – doch möglichst so behutsam, daß das Gesamtbild der Hekke und die typische Wuchsform des Gehölzes erhalten bleiben. Maßnahmen der Kronenkorrektur sollten im Frühjahr erfolgen: bei Frühlingsblühern unmittelbar nach der Blüte, bei Sommerblühern, deren Blüten an den neuen, diesjährigen Zweigen treiben, im zeitigen Frühjahr. Solche Eingriffe, besonders wenn sie größere Ausmaße annehmen, können jedoch auch im Winter vorgenommen werden.

Knicken und Auf-den-Stock-Setzen

Eine Verjüngung der Heckengehölze bedeutet die radikalste Maßnahme, den Extremfall stellt das völlige Auf-den-Stock-Setzen dar. Nicht alle, doch die meisten Heckengehölze vertragen diesen Rückschnitt bis auf wenige Zentimeter über den Boden und treiben aus dem verbleibenden Wurzelstock oder der Stammbasis wieder frisch aus. Der Rückschnitt muß nicht zwingend bis in Bodennähe erfolgen, vor allem dann nicht, wenn der Stamm schon tief ansetzende, kräftige Seitentriebe zeigt.

Auch in der freien Landschaft wachsende Hecken brauchen in durchschnittlich zehnjährigen, maximal 25jährigen Abständen eine radikale Verjüngung. Sonst »wachsen sie durch«, indem sie sich zu einer lichten Baumreihe wandeln, in der im Vergleich zu jüngeren Stadien deutlich weniger Gehölzarten gedeihen (siehe Seite 27). Vorrangig als Windschutz angepflanzte Hecken sollten noch häufiger, nämlich alle fünf bis zehn Jahre, einzelstammweise, also nicht durchgängig, auf den Stock gesetzt werden, um sie auszulichten. Sonst bilden sie undurchlässige »Mauern« und bewirken nachteilige Windturbulenzen.

Am besten wendet man zum Rückschnitt von Hecken den schon in früheren Jahrhunderten üblichen Niederwald-Betrieb an, indem die Gehölze auf den Stock gesetzt werden: durch Absägen wenige Zentimeter über dem Boden, so daß Stubben entstehen, oder durch »Knicken« in 60 cm Höhe. Das Knicken beinhaltet verschiedene von den Wallhecken oder Knicks altbekannte Methoden. Um die Wallhecke als lebenden Zaun für das Vieh vollkommen undurchdringlich zu gestalten, werden Stämme und Äste in zwei Fuß Höhe (60 cm) halb angeschlagen, umgeknickt und mehr oder weniger waagerecht in die Hecke gedrückt.

Durch Knicken der Äste in zwei Fuß Höhe entsteht ein dichter lebender Zaun. Diese historische Pflegetechnik wird heute nur noch selten praktiziert.

Dort wachsen sie dann weiter und verdichten das Strauchwerk. Dünnere Äste bis 2 cm Durchmesser lassen sich ohne Werkzeug knicken, stärkere werden mit einem Beil zu etwa einem Drittel schräg angeschlagen und dann geknickt. Mit der Zeit bilden sich knorrige Stümpfe, im Volksmund als »Wallüze« bezeichnet: »Üze« heißt Kröte.

Um die negativen Folgen eines solchen Eingriffs für die Tierwelt zu begrenzen, sollte dabei stets in kleinen Abschnitten vorgegangen werden, indem jeweils nur ein Drittel einer Hekke abgeschlagen wird. Dabei sind einzelne Bäume als Überhälter in Abständen von 20 bis 50 m stehen zu lassen. Im Optimalfall garantiert eine kleinräumig abgestufte Pflege das ständige Vorhandensein aller Altersklassen der Hecken von unter sechs bis über 20 Jahren.

Bei Wallhecken ist nach jedem Pflegeeingriff auch der Wall auszubessern (»aufzusetzen«), indem frei liegende Wurzelhälse und Fehlstellen durch Grassoden und Bodenmaterial abgedeckt und ausgebessert werden.

Die Verjüngung muß stets im Winter stattfinden, und zwar zwischen Laubfall und Ende Februar; ein später liegender Termin bedeutet eine stärkere Schwächung der Pflanze, deren Saft dann bereits bis in die Krone aufgestiegen ist. Die Naturschutzgesetze der Bundesländer erlauben das Hekkenschneiden ohnehin nur während des Winterhalbjahres, in der Regel zwischen Mitte September und Ende Februar oder Mitte März. In dieser Zeit werden zudem die Lebensgemeinschaften am wenigsten beeinträchtigt.

Die allmähliche Verjüngung

Im Falle von Zierhecken in den Siedlungen, die keinen Formschnitt erhalten, wird man sich eher für eine allmähliche Verjüngung entscheiden:

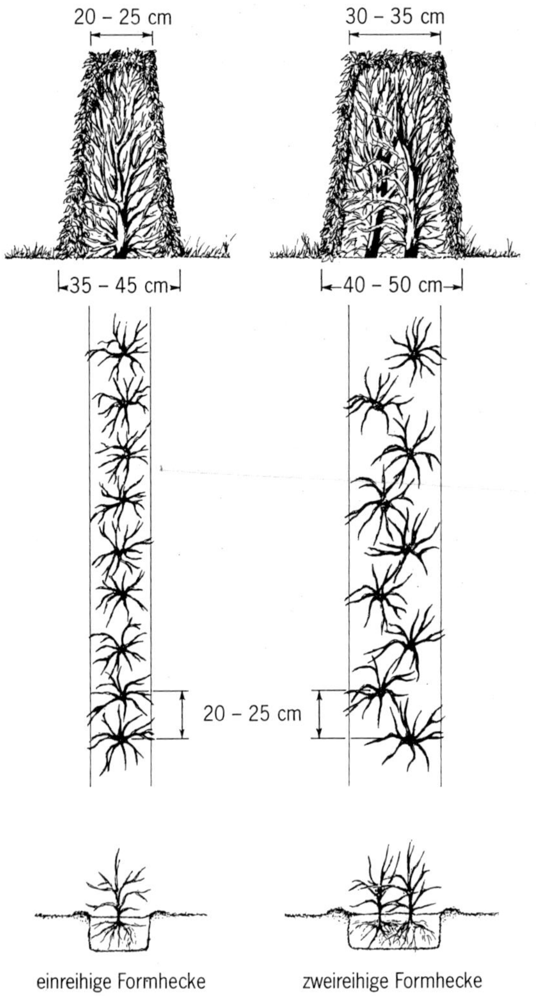

Gehölzanordnung und Abstände bei einer ein- und zweireihigen Formhecke.

Das Gesamtbild der Hecke bleibt erhalten, obwohl sie nach und nach ausgelichtet, verjüngt und in ihrer Ausdehnung in akzeptable Schranken verwiesen wird. Alle drei bis vier Jahre nimmt man dazu die stärksten und am weitesten ausladenden Stämme und Äste heraus oder schneidet sie besser bis zu jungen, kräftigen Seitentrieben zurück. Bei einem völligen Auf-den-Stock-Setzen bis in Bodennähe kann es passieren, daß aufgrund der Beschattung und Konkurrenz durch die übrigen Triebe kein Neuaustrieb erfolgt.

Gerade bei Blüten- und Fruchthekken bietet sich diese Methode der allmählichen Verjüngung an, weil man so zu den entsprechenden Zeiten beispielsweise von Forsythie, Feuer- oder Sanddorn schöne Zweige für die Vase schneiden kann.

Pflege von Schnitthecken

Hecken mit Formschnitt brauchen, wie bereits betont, alljährliche Pflege, um dicht und durchgängig grün zu bleiben. Nur im Jahr der Pflanzung sollte man solche Hecken noch nicht beschneiden, um ihre Verwurzelung nicht zu behindern. Im zweiten Jahr bei Laubgehölzen, bei Koniferen erst im dritten oder vierten Jahr, beginnt die Pflege durch zwei- bis dreimaligen Schnitt, wobei man folgende Richtwerte zugrunde legen kann: Nach jedem Schnitt soll die Hecke um 5 bis 10 cm höher und um 1 bis 2 cm breiter als beim letzten Schnitt sein. Damit sich nicht von unten lichte Stellen bilden können, sollte ein Höhenzuwachs von 25 cm pro Jahr nicht überschritten werden, so daß auch in den bodennahen Regionen ausreichend dichte Verzweigungen entstehen.

Im Querschnitt soll eine Schnitthekke konisch aufgebaut sein, das heißt, am Fuße breiter als in der Krone, so daß sich ein trapezartiges Profil bildet. Bei der Kronenhöhe kann man sich auf sein Augenmaß verlassen oder auch eine gespannte Schnur zu Hilfe nehmen. Die Krone schneidet man am zweckmäßigsten zuerst, um dann möglichst gleichmäßig von oben nach unten vorzugehen. Für kleinere Hecken genügt die eigene Muskelkraft mit einer gewöhnlichen Heckenschere, bei größeren wird man sich eher einer elektrischen Schere bedienen. Ein Hekkenkniep – eine Astschere mit langen Hebeln – leistet unverzichtbare

Formschnitthecken müssen ein- bis mehrmals jährlich rasiert werden. Die niedrige Buchsbaumhecke als Beeteinfassung vermag Schnecken fernzuhalten, wenn sie ausreichend dicht ist.

Dienste, wenn ein stärkerer Rückschnitt erforderlich wird.

Kleinlaubige Gehölze sind eher drei-, großlaubige zweimal im Jahr zu schneiden, doch genügt beispielsweise für eine Buchenhecke auch ein einmaliger Schnitt im Spätsommer oder Herbst. Auf jeden Fall sollte man auf die Bruten von Singvögeln Rücksicht nehmen und, hat die Hecke ein entsprechendes Format erreicht, nicht vor Juli schneiden.

Ein Verjüngungsschnitt wird auch bei Schnitthecken unumgänglich, wenn sie zuviel an Höhe und Breite gewinnen – denn sie lassen sich nicht konstant auf der gewünschten Höhe halten, weil ein gewisser Zuwachs an jungen Zweigen zwangsläufig verbleiben muß, um eine grüne Oberfläche zu erhalten. Natürlich kann man auch Schnitthecken vollständig auf den Stock setzen, doch wirkt das vorübergehend sehr unschön, bis sich durch Neuausschlag wieder eine neue Hecke bildet. Besser, wenngleich schwieriger, erscheint ein Zurücknehmen der Hekkenhöhe um vielleicht 30 oder 50 cm und entsprechendes Verschmälern in der Breite. Dann geht der Neuaustrieb rascher vonstatten, und das Bild einer geschlossenen Hecke mit viel frischem Grün wird schneller wieder erreicht.

Solche Radikalkuren machen die meisten Laubgehölze und Eiben mit. Fast sämtliche Nadelgehölze aber reagieren empfindlich und zeigen oft nur mageren Neuaustrieb.

Wohin mit dem Schnittgut?

Das Schnittgut der Hecken sollte nicht auf dem Wall oder allgemein im Bereich der Sträucher liegen bleiben. Es würde den Neuaustrieb der Gehölze behindern und einseitig das Wachstum von Brennesseln fördern. Nur stärkeres Totholz sollte in der Hecke belassen werden. Ansonsten ist das Schnittgut bald nach dem Schnitt, spätestens vor Frühjahrsbeginn, abzutransportieren und andernorts zu deponieren und kompostieren. Das Verbrennen würde eine vermeidbare Luftverschmutzung bedeuten.

In Gärten und öffentlichen Grünanlagen bietet es sich an, zwecks Platzer-

Zu einer ökologisch wertvollen Hecke gehört ein Krautsaum. Er kann sich aus einheimischen Kräutern und Stauden zusammensetzen oder – wie hier – Zierstauden beherbergen.

sparnis die Äste zu schreddern und als weichen Wegebelag oder zum Mulchen sinnvoll weiterzuverwenden. Das Verbrennen der Äste direkt auf oder am Knickwall würde allein über 90 Prozent der Käferfauna vernichten und die Ausbreitung der von Landwirten als hartnäckiges Ackerwildkraut ungern gesehenen Quecke fördern.

Gestalten mit Stauden: Der Heckensaum

Ökologisch ist eine Hecke um so wertvoller, je breiter ihr nicht mehr von Gehölzen bestandener Saum ist. Dort wachsen Stauden, also zwei- und mehrjährige Pflanzen, die überwiegend nicht zu den Holzgewächsen, sondern zu den Kräutern und Gräsern gehören. In der freien Landschaft gilt die Leitlinie, beiderseits einer Hecke einen mindestens 1 bis 3 m breiten Krautsaum abzuzäunen bzw. von wirtschaftlicher Nutzung freizuhalten. Warum nicht auch die Hecke im Garten für den Naturschutz optimieren und einen solchen Saum anlegen?

Mit den kleinräumig variierenden Belichtungsverhältnissen an einer Hecke ergeben sich zahlreiche Möglichkeiten für die Verwendung vielfältiger Stauden. Die Standortverhältnisse reichen teils vom Vollschatten am Heckenfuß über eine feucht-kühle Halbschattenzone auf der Nordseite bis zur sonnenexponierten, trockenwarmen Südseite der Hecke. Diese Standortvielfalt auf engstem Raum läßt eine breite Palette von Stauden für die Pflanzung, Ansaat oder natürliche Ansiedlung geeignet erscheinen.

Wiese statt Rasen

Rasenflächen finden sich in nahezu jedem Garten, und sie haben zum Spielen für Kinder oder schlicht als Ziergrün sicherlich ihre Berechtigung. Unmittelbar bis zum Heckenfuß sollte der Rasen jedoch nicht reichen – zu eintönig ist das Einheitsgrün aus der Samentüte, das mit seiner dichten Grasnarbe kaum Wildpflanzen Raum läßt. Bleibt ein 1 oder 2 m breiter Streifen entlang der Hecke als Wiese stehen, die nur ein- bis dreimal jährlich mit der Sense gemäht wird, so wird sich eine viel größere Artenvielfalt an Pflanzen und ebenso an Tieren einstellen. Drei verschiedene Möglichkeiten bestehen, um eine solche Blumenwiese zu schaffen:

Wachsenlassen des bisherigen Rasens. Das regelmäßige Mähen, Düngung und weitere Pflegemaßnahmen werden eingestellt. Hat das Gras eine Höhe von 25 bis 30 cm erreicht, wird der erste Schnitt fällig. Mit der Sense ist dies anfangs sehr mühsam, weil die dünnen Grashalme stark miteinander verfilzen. Solange der Boden noch recht nährstoffreich ist, muß relativ häufig (meist dreimal jährlich) gemäht werden.

Einsaat mit einer Blumenwiesen-Samenmischung. Der bisherige Rasen wird umgegraben oder gefräst, um die Fläche mit einer handelsüblichen Samenmischung neu einzusäen. Ein gravierender Nachteil dieser Methode liegt darin, daß solche Mischungen in aller Regel viele standortfremde Arten, teils auch Zuchtsorten und Einjährige enthalten, so daß keine naturnahe Begrünung erzielt wird.

Selbstbegrünung mit Nachhilfe. Eine bestehende Rasenfläche oder nackter Boden bleibt un- oder nur sporadisch gemäht liegen, während auf kleineren Flecken Wildkraut- oder Blumensamen ausgesät wird. Ist eine Grasnarbe vorhanden, muß diese an solchen Saatstellen natürlich entfernt werden. Die Flecken dienen als Ausbreitungsinseln für die angesiedelten Wildkräuter. Anstelle von Samen kann man auch fertige Pflanzen einsetzen.

Für die Gestaltung eines Staudensaums im Garten kann man sich Anregungen in der Natur holen.

Der dritte Weg erscheint gerade im Garten als der erfolgversprechendste. Nährstoffreiche Flächen müssen anfangs dreimal jährlich gesenst oder mit Hilfe eines Balkenmähers geschoren werden. Mit zunehmender Aushagerung kann die Mahd dann auf zwei Termine, auf mageren Flächen auf einen Schnitt pro Jahr reduziert werden. Drei Mahdtermine sind, bei mittleren Klimabedingungen, möglich im Laufe des Juni, Ende Juli bis Mitte August und im September; bei zweimaliger Mahd sollte im Juli und September gemäht werden. Auf schlecht mit Nährstoffen versorgten Flächen genügt unter Umständen auch einmalige Mahd im September. Jegliche Düngung ist einzustellen, weil eine Reduktion der

Wildstauden, Kräuter und Gräser für den Heckensaum und Heckenfuß

Art	Lebensform	Licht	Bodenfeuchte	Nährstoffgehalt
Blütenpflanzen unter 50 cm Höhe				
Bingelkraut (*Mercurialis perennis*)	Staude	●	◪	xxx
Buschwindröschen (*Anemone nemorosa*)	Staude	○ ◒ ●	◪	xxx
Ehrenpreis, Efeublättriger (*Veronica hederifolia*)	einjährig	○ ◒	◪	xxx
Ehrenpreis, Gamander- (*Veronica chamaedrys*)	Staude	○ ◒	□ ◪	xx-xxx
Ehrenpreis, Großer (*Veronica teucrium*)	Staude	○ ◒	□	x
Günsel, Kriechender (*Ajuga reptans*)	Staude	○ ◒	◪	xxx
Gundermann (*Glechoma hederacea*)	Staude	○ ◒	◪ ■	xxx
Immergrün, Kleines (*Vinca minor*)	Staude	◒ ●	◪	xxx
Lerchensporn, Hohler (*Corydalis cava*)	Staude	●	◪	xxx
Nelkenwurz (*Geum urbanum*)	Staude	◒ ●	◪	xxx
Scharbockskraut (*Ranunculus ficaria*)	Staude	◒ ●	◪	xxx
Sternmiere (*Stellaria holostea*)	Staude	◒	□ ◪	xx
Storchschnabel, Ruprechtskraut (*Geranium robertianum*)	einjährig	◒ ●	◪	xxx
Taubnessel, Gefleckte (*Lamium maculatum*)	Staude	◒	◪	xxx
Taubnessel, Rote (*Lamium pupureum*)	einjährig, Staude	◒	◪	xxx
Taubnessel, Weiße (*Lamium album*)	Staude	○ ◒	◪	xxx
Veilchen, Hain- (*Viola riviniana*)	Staude	◒	□ ◪	x-xxx
Veilchen, Rauhes (*Viola hirta*)	Staude	○ ◒	□	xx-xxx
Veilchen, Wohlriechendes (*Viola odorata*)	Staude	◒	◪	xxx
Windröschen, Gelbes (*Anemone ranunculoides*)	Staude	◒	◪	xxx
Höherwüchsige Pflanzen				
Brennessel, Große (*Urtica dioica*)	Staude	○ ◒ ●	◪ ■	xxx
Efeu (*Hedera helix*)	Gehölz	◒ ●	◪	xxx
Giersch (*Aegopodium podagraria*)	Staude	◒ ●	◪	xxx
Hopfen (*Humulus lupulus*)	Staude	○ ◒ ●	◪ ■	xxx
Kletten-Labkraut (*Galium aparine*)	einjährig	○ ◒ ●	◪	xxx
Vogelwicke (*Vicia cracca*)	Staude	○ ◒	□ ◪	x-xxx
Waldrebe (*Clematis vitalba*)	Gehölz	○ ◒ ●	◪	xxx
Gräser				
Glatthafer (*Arrhenatherum elatius*)	Staude	○	□ ◪	xxx
Knäuelgras (*Dactylis glomerata*)	Staude	○ ◒	◪	xxx
Perlgras, Nickendes (*Melica nutans*)	Staude	◒ ●	□ ◪	xxx
Quecke, Gemeine (*Agropyron repens*)	Staude	○	□ ◪	xxx
Rispengras, Hain- (*Poa nemoralis*)	Staude	○ ◒	◪	xxx
Ruchgras (*Anthoxanthum odoratum*)	Staude	○ ◒	□ ◪	x-xxx
Trespe, Taube (*Bromus sterilis*)	einjährig	○ ◒	□ ◪	xxx

Wildstauden, Kräuter und Gräser für den Heckensaum und Heckenfuß

Art	Lebensform	Licht	Bodenfeuchte	Nährstoffgehalt
Zwenke, Fieder- (*Brachypodium pinnatum*)	Staude	○ ◒	◪	x
Zwenke, Wald- (*Brachypodium sylvaticum*)	Staude	◒ ●	◪	xxx

Lichtansprüche: ○ Licht ◒ Halbschatten ● Schatten
Bodenfeuchte: □ trocken ◪ frisch ■ naß
Nährstoffgehalt: x arm xx mittel xxx reich

Nährstoff-Versorgung größtmöglichen Blütenreichtum bedeutet.

Im unmittelbaren Randbereich einer Hecke und am Heckenfuß wird man – auch wenn kein Platz für einen breiteren Wiesensaum besteht – vielleicht einzelne schöne Wildstauden ansiedeln wollen. Dazu geben die beiden folgenden Abschnitte einige Ratschläge.

Die Artenwahl

Welche Pflanzenarten sind für einen Staudensaum und für den unmittelbaren Heckenfuß geeignet? Die Tabelle gibt einen Überblick über die wichtigsten Wildpflanzen, vor allem Wildstauden, die später genauer besprochen werden (siehe Seite 79ff.). Im Interesse der an einheimischen Pflanzen lebenden Tierarten sollte man sich auch hier – wie bei der Auswahl der Heckengehölze – an der Natur orientieren. Sie zeigt eine Fülle schöner, bunt und dankbar blühender, bodendeckender und auch rankender Pflanzen. Die besten Anregungen vermittelt wiederum ein botanischer Streifzug entlang von Wildhecken in der freien Landschaft und an Waldrändern.

Anhand der Tabelle oder nach dem Vorbild des natürlichen Standorts sollte man für die Pflanzung am Fuße der Hecke einen gerade hinsichtlich der Beschattung entsprechenden Platz auswählen.

Besonders eignen sich Wildstauden. Unter Stauden versteht man ausdauernde, sprich mehrjährige Pflanzen, die wiederholt blühen und fruchten und in ihren oberirdischen Organen wenig oder kein Holzgewebe bilden. Unter der Erde besitzen sie häufig stärker entwickelte Achsenorgane. Ein entscheidender Vorteil der Wildstauden liegt darin, daß sie nach erfolgter Ansiedlung wenig oder keine Pflege beanspruchen – sie treiben alljährlich neu aus oder verlängern ihre überwinternden Sproßachsen. Sie brauchen nicht den Winter über ausgegraben und frostfrei aufbewahrt, alljährlich neu ausgesät oder gepflanzt werden.

Doch auch um die ein- und zweijährigen Pflanzen der heimischen Flora braucht man, haben sie einmal Fuß gefaßt, keine großen Gedanken anzustellen: Sie samen sich, werden sie nicht vor der Samenreife abgemäht, in aller Regel ausreichend aus, so daß im folgenden Jahr neue Pflanzen keimen.

Auch einige Holzgewächse, die nicht direkt zu den Sträuchern zu zählen sind, gehören in eine naturnahe Hecke: zum Beispiel die Waldrebe. Das Efeu ist ein schöner, zumal immergrüner Bodendecker, der sich, wo er kann, an anderen Sträuchern, Bäumen, Mauern und Wänden emporrankt. Efeu ist kein Schmarotzer, wie viele Menschen irrtümlich glauben; es benötigt allein mechanische Stützhilfe. Allerdings konkurriert Efeu mit den

Freiwachsende Hecken aus einheimischen Gehölzen können vor allem in ländlichen Gebieten einen fließenden Übergang von der Siedlung in die Landschaft schaffen.

anderen Gehölzen um Wasser, Nährstoffe und Licht. Gerade wenn Efeu seinen Stützen zuviel Sonnenlicht nimmt, kann daher von Zeit zu Zeit ein Zurückschneiden sinnvoll sein. Efeublüten werden von einer Fülle verschiedener Hautflügler wie Fliegen und Bienen angeflogen, die von dem Nektarreichtum angezogen werden. Die Efeubeeren werden von Singvögeln gern gefressen, die Blütenknospen von Raupen des Faulbaum-Bläulings, die Blätter von denen des Holunderspanners. Zugleich nutzen Amseln und andere Singvögel das dichte Blattwerk des Efeus gern als Nistplatz und Versteck.

Hecken in der freien Landschaft kann man getrost der natürlichen Entwicklung überlassen, was die Wildstauden betrifft – durch im Boden ruhende, durch herbeifliegende und von Vögeln und Säugetieren antransportierte Samen wird sich im Laufe der Jahre von selbst eine bunte und je nach Standort mehr oder minder vielfältige Krautflora ansiedeln.

Pflanzung und Pflege

Wildstauden lassen sich über Gärtnereien in aller Regel noch schwieriger besorgen als Wildformen einheimischer Sträucher und Bäume. Niemand wird etwas dagegen haben, wenn *einzelne* Exemplare allgemein häufiger und nicht geschützter Stauden dort der Natur entnommen werden, wo sie in großer Zahl vorkommen. Selbstverständlich darf dies grundsätzlich nicht in Schutzgebieten geschehen. Im Zweifel frage man den örtlichen Revierförster um Rat.

Der Zeitpunkt für das Pflanzen spielt eine untergeordnete Rolle. Frostfrei sollte der Boden sein. Wenn man für ausreichendes Wässern in der Startphase sorgt, werden die Pflanzen ansonsten das ganze Jahr über halbwegs rasch einwurzeln. Selbstverständlich kann man auch die reifen Samen in der Natur sammeln und am geeigneten Standort am Heckenfuß oder in der Saumzone aussäen.

Eine Bodenbedeckung durch Mulchen erleichtert vielen Pflanzen das Anwachsen, weil der Boden weniger leicht austrocknet und konkurrierende Wildkräuter in ihrem Ausbreitungsdrang gebremst werden.

Ob Heckensäume regelmäßig gemäht werden sollten oder nicht, muß in jedem Einzelfall entschieden werden. Wo Gräser dominieren, ist eine mindestens einmalige Mahd im Herbst (September) zu empfehlen; auf nährstoffreicheren Standorten muß man auch zwei- oder dreimal im Jahr mähen (siehe Seite 49). Dominieren dagegen Blumen, so sollte besser auf das Mähen verzichtet werden – besonders in unmittelbarer Nähe des Heckenfußes. Die Pflegemaßnahmen beschränken sich somit auf wenige, sporadische Eingriffe.

Heckenpflanzen in Garten und Landschaft

In diesem Kapitel werden vorrangig die wichtigsten Heckengehölze beschrieben, die sich für Hecken in Gärten und Siedlungen sowie für Hekken in der Feldflur eignen. Das Schwergewicht liegt dabei auf solchen Pflanzenarten, die von Natur aus im deutschsprachigen Raum heimisch sind und von daher gleichermaßen für die Siedlungs- und die Agrarlandschaft zu empfehlen sind. Einschränkungen für die Verwendbarkeit ergeben sich natürlich durch die unterschiedlichen Ansprüche der Pflanzen an den Standort, durch den zur Verfügung stehenden Platz und die vorgesehene Form der Pflege – nicht jedes Gehölz eignet sich beispielsweise für einen Formschnitt.

Die Untergliederung in Sträucher für Kleinhecken, Sträucher mittlerer Wuchshöhe, hochwüchsige Sträucher und Bäume erlaubt eine erste Einschätzung, was aus kleinen Stecklingen einmal werden kann. Im Hausgarten scheiden vielfach die größeren Arten von vornherein aus, wenn man sie nicht – wie etwa Fichten, Hain- und Rotbuchen – als Formschnitthecke in kleinerem Format hält.

Beschrieben werden aber auch die wichtigsten Ziersträucher, die in Parks und Gärten häufig gepflanzt werden und auf der Angebotsliste der Baumschulen an erster Stelle stehen. Wer Wert auf einen Naturgarten mit ausschließlich einheimischen Arten und Sorten Wert legt, wird auf sie verzichten – aber auch sie besitzen ihren besonderen Reiz.

Nicht zu vergessen die Begleitpflanzen der Heckensträucher: Die Natur läßt den Boden im Schatten unter einer Hecke nicht kahl, sondern hier wachsen zahlreiche Gräser, Blumen und andere weniger auffällige Pflanzen. Wer dabei im eigenen Garten etwas nachhelfen will, bekommt ab Seite 78 Tips für die Auswahl. Die Betonung liegt auf Wildstauden, von denen einige farbenprächtige Blüten hervorbringen. In einem kurzen Überblick stellen wir schließlich noch die wichtigsten Pflanzengesellschaften der Hecken vor (ab Seite 85).

Bei der Artenwahl für Hecken-Pflanzungen in Städten und Dörfern sollte in erster Linie der persönliche Geschmack entscheiden. Doch beachte man dabei nicht allein die Gartenkataloge, sondern auch das Angebot der heimischen Natur.

Sträucher für Kleinhecken

Nicht in jedem Garten ist Platz für mehr oder minder große, raumgreifende Hecken. Das Beispiel der Buchsbaum-Minihecken in alten Bauerngärten illustriert, daß auch Hecken im Kleinformat möglich und schön sein können. Allerdings muß man sich darüber im klaren sein, daß es sich bei den dafür geeigneten Pflanzen um nicht einheimische Sträucher und vielfach um Zuchtformen handelt. Ihr ökologischer Wert für einheimische Tierarten ist in aller Regel recht gering: Nur wenige Tiere können Blätter, Blüten oder Früchte fremdländischer Pflanzen als Nahrung verwerten. In einem Naturgarten haben solche Pflanzen daher keinen Platz oder zumindest eine nur untergeordnete Bedeutung. Wer sich dennoch für solche niedrigen Pflanzen interessiert, kann in erster Linie zwischen den nachfolgend aufgelisteten Laub- und Nadelgehölzen wählen (Zusammenstellung nach Bärtels 1991).

Für Kleinhecken halten Baumschulen eine reiche Auswahl an Züchtungen bereit. Beliebt sind zum Beispiel Mahonien.

Gehölze für niedrige, geschnittene Beeteinfassungen

Berberitze: *Berberis buxifolia* 'Nana' und *B. thunbergii* 'Atropurpurea Nana'

Buchsbaum: *Buxus sempervirens* 'Suffruticosa'

Gamander: *Teucrium chamaedrys*

Lavendel: *Lavandula angustifolia*

Gehölze für etwas höhere, geschnittene Hecken

Alpenjohannisbeere: *Ribes alpinum* 'Pumilium'

Berberitze: *Berberis gagnepainii* 'Klugowski' und *B. hookeri*

Buchsbaum: *Buxus sempervirens* 'Suffruticosa'

Heckenkirsche: *Lonicera nitida* und *L. pileata*

Kirschlorbeer: *Prunus laurocerasus* 'Otto Luyken'

Liguster: *Ligustrum vulgare* 'Lodense'

Gehölze für frei gewachsene Hecken in kleinerem Format

Alpenjohannisbeere: *Ribes alpinum* 'Pumilium'

Berberitze: *Berberis buxifolia* 'Nana', *B. gagnepainii* 'Klugowski' und *B. hookeri*

Buchsbaum: *Buxus sempervirens* 'Suffruticosa'

Deutzie: *Deutzia gracilis*

Fichte: *Picea abies* 'Emsland', *P. glauca* und *P. omorika* 'Nana'

Fingerstrauch: *Potentilla fruticosa*-Formen

Forsythie, Goldglöckchen: *Forsythia ovata* 'Tetragold' und *F. viridissima* 'Bronxensis'

Fuchsie: *Fuchsia magellanica*-Sorten

Heckenkirsche: *Lonicera nitida* und *L. pileata*

Johanniskraut: *Hypericum forrestii* 'Hidecote' und *H. kouytchense*

Kiefer: *Pinus* × *hakkodensis*, *P. mugo* ssp. *mugo* und *P. mugo* ssp. *pumilio*, *P. pumila* 'Glauca', *P. sylvestris* 'Hibernica' und andere Formen

Kirschlorbeer: *Prunus laurocerasus* 'Otto Luyken'

Lavendel: *Lavandula angustifolia*

Mahonie: *Mahonia aquifolium*

Purpurweide: *Salix purpurea* 'Gracilis'

Spierstrauch: *Spiraea albiflora*, *Spiraea*-Bumalda-Hybriden, *S. japonica*-Formen
Stechpalme: *Ilex crenata*-Formen.

Sträucher mittlerer Wuchshöhe

Berberitze, *Berberis vulgaris*

In kaum einer Siedlung fehlen Hecken der Berberitze, wegen des sauren Geschmacks ihrer genießbaren Beeren auch Sauerdorn genannt. Nur eine Art kommt hierzulande wildwachsend vor, weltweit sind 175 Arten bekannt, von denen einige als Zierpflanzen angeboten werden.

Die heimische Berberitze ist ein relativ häufiger Strauch der Hecken, Gebüsche, Waldränder und lichten Wälder. Sie kommt auf trockenen bis frischen, tiefgründigen Lehmböden von der Ebene bis in 1750 m Meereshöhe im Gebirge vor und wächst gern auf Kalk. Von Natur aus fehlt die Berberitze im nördlichen Tiefland; dort ist sie jedoch inzwischen vielfach verwildert. In Agrargebieten wird ihre Anpflanzung skeptisch betrachtet, weil die Berberitze als Zwischenwirt des Getreiderostes fungiert.

Der stachelige Strauch wird bis 2, selten bis 4 m hoch. Sagen ihm die Standortbedingungen zu, entwickelt er sich zu einem undurchdringlichen Gestrüpp. Der Strauch trägt ungeteilte, am Rand gesägte und mit feinen Dornen versehene Blätter. Die hängenden gelblichen Blütentrauben erscheinen im Mai und Juni; die roten, länglichen, bis zu 1 cm großen Beeren im August und September.

Die Berberitze verträgt Formschnitt. Als Zierpflanzen finden neben der heimischen Berberitze vor allem *Berberis thunbergii* aus Japan mit sommergrünem, oft rotem Laub und die kleinwüchsige *Berberis verruculosa* als wintergrüne Art aus China Verwendung. Aus Gründen des Naturschutzes sollte man jedoch die wild vorkommende Art *Berberis vulgaris* pflanzen: Sie dient mit ihren nektarreichen Blüten zahlreichen Insekten, die auch die Bestäubung vollziehen, als Nahrungsquelle, vor allem Schwebfliegen suchen die Berberitze auf. Die dichten Gebüsche

Berberitzen eignen sich hervorragend für Schnitthecken. Die immergrüne Art *Berberis julianae* stammt aus dem westlichen China und gilt als besonders frosthart.

dienen Vögeln als Nistplatz, die an Vitaminen reichen Beeren Singvögeln als winterliche Nahrung. Auch die Haselmaus nascht Berberitzen-Beeren.

Brombeere,
Rubus fruticosus-Gruppe
Nur wenige Spezialisten unter den Botanikern vermögen die zig Unterarten der Brombeere allein in Deutschland zu unterscheiden. Die meisten Sippen (zwischen 40 und 200 werden differenziert) gehören zu der Gewöhnlichen Brombeere. Sie treibt im ersten Jahr einen unfruchtbaren Schößling, der 0,5 bis 2 m, im Extremfall bis 7 m lang wird. Im zweiten Lebensjahr trägt die dornige Pflanze von Juni bis August weiße Blüten, aus denen zwischen Juli und November die eßbaren blauschwarzen Früchte (keine Beeren, sondern Sammelfrüchte) reifen. Danach stirbt die Pflanze ab. Die an Stiel und Nerven bedornten Blätter bestehen aus im Mittel fünf Fiedern.

Die Brombeere kommt von der Ebene bis in mittlere Gebirgslagen vor, in Österreich bis 1650 m Höhe. Sie wächst besonders in Gebüschen und Hecken, an Waldrändern und als Pionier in Steinbrüchen. Sie gedeiht auf fast allen Böden, besonders bei reichem Nährstoffangebot. Ein Rückschnitt ist möglich, jedoch erübrigt er sich im Normalfall, da die Pflanze nach zwei Lebensjahren ohnehin abstirbt.

Brombeerblätter werden als Heiltee, die an Vitamin C reichen Früchte als Nahrungsmittel verwendet. Die Brombeere bedeutet auch eine wichtige Nahrungsgrundlage für Vögel und Blütenbesucher (Insektenbestäubung); die Blätter dienen den Raupen von Kaisermantel und Brombeer-Perlmutterfalter als Nahrung.

An langen, dornigen Trieben zeigen die Brombeeren im Hochsommer weiße Blüten, im Herbst färben sich die zunächst roten Früchte schwarz.

Buchsbaum, *Buxus sempervirens*
Vermutlich ist der Buchsbaum bei uns der älteste Zierstrauch. Seine immergrünen Äste und seine beste Schnittverträglichkeit prädestinierten ihn dazu. Schon in der Antike schnitten ihn Griechen und Römer zu bizarren Formen, in den mittelalterlichen Klostergärten fehlte er genauso wenig wie später in den Bauerngärten. Als Palmzweig findet er nach wie vor in der katholischen Kirche reiche Verwendung, doch aus den Gärten verschwindet er langsam, aber sicher.

Von Natur aus wächst der Buchsbaum nur an wenigen Standorten im südlichen oberrheinischen Löß- und Kalkhügelland sowie im Moselgebiet, und zwar in südexponierten Eichenbusch- und Buchenwäldern. Er verlangt mäßig frischen bis trockenen, basenreichen Lehmboden und gedeiht am besten im Halbschatten, wie es seinem natürlichen Vorkommen entspricht. Die unscheinbaren Blüten erscheinen von März bis Mai, die grünlichen, dreihörnigen Samenkapseln von Mai bis Juli. Die immergrünen kleinen Blättchen haben eine eiförmig-ovale Gestalt. Die Büsche werden recht dicht und können ein hohes Alter von Jahrzehnten bis Jahrhunderten erreichen. Im Normalfall werden sie 1 bis

4 m hoch, jedoch kommt auch baumförmige Gestalt vor. An den Blüten besorgen sich kurzrüsselige Schweb- und Blumenfliegen Nektar, und Bienen entnehmen daraus Pollen.

Verschiedene Zuchtformen des heimischen Buchsbaums werden für Gärten und Parks angeboten: Die Varietät *Buxus sempervirens* var. *sempervirens* zeigt die typische Form bei üppigem Wuchs. Die Sorte 'Suffruticosa' ist sehr kleinwüchsig und dient zu Beeteinfassungen.

Felsenbirne, *Amelanchier*-Arten

Locker und breitbuschig wachsen die Felsenbirnen. Die einzige einheimische Art, die Gewöhnliche Felsenbirne *(Amelanchier ovalis)*, und vor allem die fremdländischen Arten eignen sich eher für Gebüschgruppen als für Hekken. Nur 1 bis 2 m hoch (ausländische Arten bis 5 m), trägt die Felsenbirne elliptische Blätter, deren Ränder fein gezähnt sind. Ihre schöne bunte Herbstfärbung ließ sie zu einem beliebten Strauch in Parks und Gärten werden. Fünf weiße Blütenblätter, an ihrer Spitze oft rötlich gefärbt, sind auffällig lang und schmal. Die Blütenstände aus meist drei bis sieben Einzelblüten erscheinen im April und Mai während des Laubaustriebs. Die im Juli und August reifen beerenartigen Apfelfrüchte sitzen auf langen Stielen; sie sind anfangs rötlich, später blauschwarz.

Der natürliche Standort liegt in Felsengebüschen in Kalk- und Felsgebieten sowie in sonnig-steinigen Eichen- und Kiefernwäldern. Im Garten sollte der Boden eher trocken als frisch, der Standort geschützt sein.

Feuerdorn, *Pyracantha coccinea*

Es handelt sich um einen dornigen Strauch mit feuerroten Früchten – der deutsche Name beschreibt den 3 bis 4 m hohen Strauch tadellos. Einheimische Arten existieren nicht. Als Zierpflanzen in Gärten und Grünanlagen finden sechs Arten aus dem Gebiet von Südosteuropa bis China Verwendung. Am häufigsten handelt es sich dabei um *Pyracantha coccinea*, eine immergrüne Art, die von Italien bis Westasien vorkommt. Der sparrige, dichte Busch trägt viele Dornen und ganzjährig dunkelgrüne, glänzende, 3 bis 4 cm lange Blätter. Die weißen Blüten stehen in Doldentrauben und blühen im Mai und Juni. Vögel fressen die leuchtenden Beeren im Herbst gern.

Nur auf sehr leichten und trockenen Böden gedeiht der Feuerdorn nicht, ansonsten ist er für jeden Garten geeignet. Um Frostschäden im Winter zu verhindern, muß man jedoch unter Umständen im Herbst durch zusätzliche Wässerung für ausreichende Bodenfrische sorgen. Jede Wuchsform ist denkbar: als freier, einzelnstehender Strauch, am Spalier, als Gehölzgruppe, in einer ungeschnittenen oder streng in Form gebrachten Zierhecke.

Beim Feuerdorn handelt es sich um kein einheimisches Gehölz, doch wird er häufig sowohl in freiwachsenden als auch in streng geschnittenen Hecken gepflanzt. Vögel fressen die leuchtenden Früchte gern.

Forsythie, *Forsythia*-Arten

Goldflieder, Goldglöckchen oder Forsythie bezeichnen die wohl häufigsten Frühlingsblüher unter den Gartensträuchern. Eine Art stammt aus Nord-

Die farbenprächtigsten Frühblüher unter den Ziersträuchern sind die knallgelbe Forsythie und die orangerote Zierquitte.

albanien, weitere sechs aus Ostasien. Sie sind recht anspruchslos und begnügen sich mit allen Böden, soweit diese nicht sehr trocken und mager sind. Forsythien lieben Sonne, tolerieren aber auch Halbschatten. Für heimische Insekten und Tiere indes sind die Forsythien nahezu bedeutungslos – wenn man davon absieht, daß ab und zu einmal eine Amsel ihr Nest zwischen den Zweigen baut.

(Roter) Hartriegel, *Cornus sanguinea*

Von den rund 40 verschiedenen Hartriegel-Arten der Welt kommt nur eine häufig als Wildstrauch in Mitteleuropa vor: der Rote Hartriegel. Seine rutenförmigen Zweige sind in jungem Stadium und auf der sonnenexponierten Seite besonders im Herbst und Winter rötlich gefärbt – daher der Name. Die behaarten Blätter werden bis zu 8 cm lang und tragen drei oder vier Nervenpaare. Die weißen Blüten erscheinen im Mai und Juni in endständigen Dolden und riechen nach Fisch. Die blauschwarzen, zwischen August und Oktober reifenden, knapp erbsengroßen Steinfrüchte sitzen auf roten Stielen.

Der Rote Hartriegel gedeiht auch im (Halb-) Schatten und stellt nur geringe Ansprüche an den Boden – gleichwohl gilt er als Lehmzeiger. Verbreitet durch Vögel, kommt er vor allem in Hecken, an Waldrändern und auch in Auenwäldern sowie krautreichen Laubmischwäldern vor. Seine Verbreitung reicht von der Ebene bis auf rund 1000 m über dem Meeresspiegel, wobei er in Silikatgebirgen und im norddeutschen Flachland selten ist.

Rückschnitt und Auf-den-Stock-Setzen verträgt der Hartriegel. Ähnlich, aber von Natur aus selten und nur durch Verwilderung aus Zierbeständen stärker verbreitet ist die verwandte Kornelkirsche *(Cornus mas)*, auch Gelber Hartriegel genannt. Sie besitzt viele kleine, goldgelbe Blüten und rote

Steinfrüchte. Beide Arten liefern mit ihren Beeren Nahrung für Vögel und Säugetiere, ihre Blätter dienen als Wildäsung, und jene des Roten Hartriegels geben den Raupen von Brombeer-Zipfelfalter und Faulbaum-Bläuling Nahrung.

(Rote) Heckenkirsche,
Lonicera xylosteum

Heckenkirschen oder Geißblätter leben auf der nördlichen Halbkugel in etwa 180 verschiedenen Arten. Im deutschen Raum zählen zwei Arten zu den häufigeren: die Rote Heckenkirsche und das Waldgeißblatt. Die erste Art zeigt dünne, aber aufrechte Äste, während die zweite sich stets rechtsherum an anderen Gehölzen emporwindet.

Die Rote Heckenkirsche trägt ihre gelblich-weißen Lippenblüten zwischen April und Juni, sie stehen jeweils zu zweit auf einem Stiel in den Blattachseln. Die schon im Juni und Juli reifen Beeren sind rot, glasartig und deutlich kleiner als Erbsen. Blätter, junge Zweige und Blütenstiele sind zottig behaart.

Die Heckenkirsche kommt in allen Höhenlagen bis 1150 m vor, ist aber im norddeutschen Tiefland selten. Vor allem wächst sie in krautreichen Laubwäldern, Hecken und Gebüschen auf nährstoffreichen, frischen, humosen Lehm- und Tonböden im Schatten und Halbschatten.

Die Blüten werden von Hummeln bestäubt und die Früchte von Vögeln verbreitet; für den Menschen sind die Früchte aber nicht genießbar. Als Raupenfutterpflanze spielen Heckenkirschen eine wichtige Rolle für die Schmetterlingsarten Kleiner Maivogel, Blauschwarzer und Kleiner Eisvogel. Die Sträucher vertragen Rückschnitt und Auf-den-Stock-Setzen, in Gartenhecken sind sie am ehesten als Unterholz verwendbar. Das Waldgeißblatt, von Natur aus vorwiegend in Eichenwäldern verbreitet, findet als Wild- und Zierpflanze Verwendung.

Die häufigste der über 30 verschiedenen, in Deutschland heimischen Rosenarten ist die Heckenrose mit zart hellrosa Blüten und relativ kleinen Hagebutten.

Heckenrose, Hundsrose,
Rosa canina

Hagebutten kennt jeder – aber kaum einer weiß, daß allein in Deutschland mehr als 30 verschiedene wildwachsende Rosenarten existieren, die vielen Gartenrosen und verwilderten Kulturrassen gar nicht mitgerechnet. Die Unterscheidung der einzelnen Arten ist selbst für versierte Botaniker ein schwieriges und zeitraubendes Unterfangen. Die wohl häufigste Art ist die Hunds- oder Heckenrose. Ihr relativ starkwüchsiger, 2 bis 3 m hoher Strauch trägt zwischen Mai und Juli bis 5 cm im Durchmesser große Scheibenblüten mit je fünf Blütenblättern, deren Farbe von Reinweiß über Hellrosa bis zu schwach Rötlich reicht. Die bis 2 cm großen Hagebutten werden im September und Oktober reif. Die Zweige sind mit zahlreichen Stacheln, nicht Dornen, bewehrt, die sichelartig gekrümmt sind.

Die Hundsrose findet sich in den meisten Hecken, an gebüschreichen Waldrändern und an Wegen auf warmen, trockenen bis frischen, tiefgründigen Böden. Ihr Vorkommen reicht von ebenen bis in gebirgige Lagen von über 1300 m.

Die weithin leuchtenden orange- bis rotfarbenen Hagebutten sind sehr reich an Vitamin C und eßbar, sie lassen sich zu Marmelade, Likör und Heiltee verarbeiten. Auch Vögel und Wild fressen die Beeren und tragen so zu ihrer Verbreitung bei. Zahlreiche Nahrungsgäste unter den Wirbellosen nutzen Blüten und Blätter der Heckenrose. Im Garten kann sie Verwendung finden, sie toleriert auch ein Zurückschneiden.

Andere Rosenarten der heimischen Natur sind zum Beispiel die Filzrose *(Rosa tomentosa)*, die Weinrose *(Rosa rubiginosa)*, die Buschrose *(Rosa corymbifera)* und in mittleren Gebirgslagen die Blaugrüne Rose *(Rosa vosagiaca)*. Generell gedeihen Rosen am besten auf besserem, anlehmigem bis lehmigem Boden; sie lieben Sonne und einen von anderen Gehölzen nicht bedrängten Standort.

Himbeere, *Rubus idaeus*

Mit 1 bis 1,5 m Höhe bleibt die Himbeere deutlich kleiner als die meisten Brombeer-Arten. Wie Ruten sehen ihre zweijährigen, aufrechten Stengel aus, deren Rinde im zweiten Jahr abblättert (die Brombeere rankt dagegen). Meist trägt die Himbeere fünfzählig gefiederte, unterseits weißfilzige Blätter. Unscheinbare, grünlich-weiße Blüten erscheinen im Mai und Juni, die Früchte reifen zwischen Juli und September. Die roten Wildfrüchte schmecken viel aromatischer als die größeren Früchte der Himbeer-Zuchtformen. Es handelt sich nicht um Beeren, sondern um Sammelfrüchte.

Die Himbeere ist ein häufiger Kleinstrauch auf Waldlichtungen, an Waldrändern, in Staudenfluren und Gebüschen. Sie ist von der Ebene bis ins Gebirge, in Österreich bis in 1850 m Höhe anzutreffen. Himbeeren brauchen keine Pflege, nur Kultursorten erfordern Rückschnitt.

Himbeeren sind wichtige Nahrungspflanzen für Insekten, Vögel und Säugetiere, außerdem Raupenfutterpflanzen für Brombeer-Perlmutter- und -Zipfelfalter, Malven- und Roten Würfelfalter.

Johannisbeere, *Ribes*-Arten

Zwei Johannisbeer-Arten kommen als Wildsträucher in Auenwäldern und Erlenbruchwäldern vor und dienen zugleich in kultivierten Formen als Nutzpflanzen in den Gärten: die Rote Johannisbeere (*Ribes rubrum*-Gruppe) und die Schwarze Johannisbeere *(Ribes nigra)*. Frische bis anmoorige Böden sind ihre natürlichen Standorte, doch die Gartensorten gedeihen auf nahezu jedem Boden.

Als Zierpflanzen finden Johannisbeeren jedoch weniger Verwendung, obwohl sie auch dafür geeignet wären. Die Gärtnereien bieten besonders solche meist nicht von Natur aus heimische Arten an, die sehr früh im Jahr ihr Blattgrün austreiben oder dekorative Blütentrauben zeigen. Zu der ersten Gruppe gehören die Alpenjohannisbeere *(Ribes alpinum)*, die japanische und koreanische Art *Ribes fasciculatum*, die nordamerikanische *Ribes glandulosum* und die aus griechischen und sibirischen Gebirgen stammende *Ribes orientale*. Die Alpenjohannisbeere gedeiht auch in geschnittenen Hekken.

Kreuzdorn, *Rhamnus catharticus*

Sparrig und dornig wächst der Kreuzdorn, wobei der Echte Kreuzdorn die einzige weiter verbreitete und häufig anzutreffende Art ist, und zwar vor allem in sonnigen Gebüschen, Hecken und Waldrändern auf mäßig trockenen, kalk- und stickstoffreichen Böden. Der lateinische Name der Familie geht auf das griechische Wort *rhamnos* zurück, welches Dornstrauch bedeutet. Die meist vierblättrigen Blüten, gelblichgrün und unter 1 cm groß, erscheinen im Mai und Juni nach dem Laubaustrieb. Die giftigen, schwarzen, erbsengroßen und rundlichen Stein-

früchte von Beerengestalt sind von September bis November zu sehen.

Der Faulbaum kommt in den Kalk- und Lehmgebieten der Ebenen und Hügelländer vor, jedoch auch bis in Höhen von 1300 m in den österreichischen Alpen. Einzelexemplare können 100 Jahre alt werden, doch der Strauch zeigt auch in jüngerem Alter bereits einen knorrigen, gedrehten Stamm. Zurückschneiden ist möglich, jedoch folgt kein Stockausschlag.

Neben den einheimischen Arten finden auch fremdländische Verwendung. An den Blüten des Echten Kreuzdorns lassen sich aufgrund ihres Nektarreichtums viele Insekten beobachten. Die Blätter fressen Raupen von Zitronenfalter, Faulbaum-Bläuling und Schlehen-Zipfelfalter, die Beeren Amsel, Singdrossel und Wacholderdrossel.

Liguster, *Ligustrum vulgare*

In der Natur wie in den Zierhecken der Gärten ist der Gemeine Liguster ein häufiger, buschförmiger Strauch. Die sehr biegsamen Äste wurden früher zu Flechtarbeiten verwendet; der lateinische Name weist darauf hin: Lateinisch *ligare* heißt binden. Die länglich-lanzettlichen, überwiegend sommergrünen Blätter mit glatten Rändern werden bis 6 cm lang. Die Blütenrispe mit etwa 30 weißlich-gelben Blüten ist im Juni und Juli zu sehen, die schwarzen giftigen Steinfrüchte (glänzend) in Erbsengröße reifen im August und September.

Sonnige Gebüsche bilden den natürlichen Standort des Ligusters auf basenreichen Böden. Im Garten begnügt er sich mit fast allen Böden, soweit sie nicht zu sandig-trocken sind; und der Liguster gedeiht auch im Schatten. Er toleriert starken Form- und Rückschnitt ebenso wie Auf-den-Stock-Setzen. Von Natur aus kommt er von der Ebene bis in Gebirgslagen von über 1100 m vor. Die Blüten bilden eine wichtige Bienenweide, die Früchte sind Vogelnahrung.

Als Zierheckenpflanze wird neben dem einheimischen häufig auch der Einblättrige Liguster *(Ligustrum ovalifolium)* gepflanzt. Die aus Japan stammende Art mit wintergrünen Blättern sollte jedoch nur in wintermilden Lagen Verwendung finden, da sie leicht zurückfriert.

Pfaffenhütchen, *Euonymus europaea*

Die Familie der Spindelstrauch-Gewächse kommt in Europa, Asien und Nordamerika mit rund 120 verschiedenen Arten vor, von denen verschiedene – teils sommer-, teils immergrün –

Viele Eigentümer einer Ligusterhecke kennen weder Blüten noch Früchte dieses Strauches. Häufiger Formschnitt verhindert, daß die weißen Blüten und schwarzen Beeren entstehen.

Wie häufig in der Natur signalisieren die leuchtenden Farben der orangeroten Früchte des Pfaffenhütchens, daß sie giftig sind.

Eiförmig-filzige Blätter und erst rote, dann schwarze Beeren kennzeichnen den Wolligen Schneeball.

als Zierpflanzen verkauft werden. Im deutschsprachigen Raum sind nur zwei Arten heimisch, wobei das Pfaffenhütchen oder -käppchen die häufigere ist. Junge Zweige erkennt man an ihrem vierkantigen Querschnitt, an dessen Stelle bei zunehmendem Alter oft Korkleisten treten. Der Strauch wird recht dicht. Er trägt eilanzettliche, sommergrüne Blätter und unscheinbare, meist vierzählige, gelblich-grüne Blüten im Mai und Juni. Die auffällig rosafarbenen bis roten vierkapseligen Früchte reifen zwischen August und Oktober. Die giftigen Kapseln springen bei der Reife auf und geben dann den Blick frei auf die vier in einer fleischigen, orangefarbenen Hülle sitzenden Samen.

Von Natur aus wächst das Pfaffenhütchen in Hecken und krautreichen Auenwäldern auf frischen und nährstoffreichen Böden, in Sonne und Halbschatten. Es kommt in Kalk- und Lehmgebieten von der Ebene bis in mittlere Gebirgslagen vor und gilt als Lehmzeiger. In Silikatgebirgen ist es selten, oder es fehlt ganz. Die zur Fruchtreife dekorative Pflanze verkraftet auch Rückschnitt und Auf-den-Stock-Setzen gut.

Im Frühjahr zieht das Pfaffenhütchen viele Blütenbesucher wie Bienen und andere Hautflügler an; die Samen frißt vor allem das Rotkehlchen gern.

Schneeball, *Viburnum*-Arten

Zwei Arten sind im deutschsprachigen Raum heimisch, der Gewöhnliche Schneeball *(Viburnum opulus)* und der Wollige Schneeball *(Viburnum lantana)*. Daneben sind zahlreiche Arten aus Europa, Nordafrika, Nordamerika und Asien als Kulturpflanzen eingeführt. Alle blühen weiß, tragen beerenartige Steinfrüchte und wünschen einen sonnigen bis halbschattigen Standort.

Beide einheimischen Arten werden 3 bis 4 m hoch. Ihre langen, recht dünnen Zweige tragen ahornartig drei- bis fünflappige, glatte, grüne (Gemeiner Schneeball) oder eiförmige, graufilzige Blätter (Wolliger Schneeball). Der Gemeine Schneeball zeigt zwei Blütentypen in einer Trugdolde (außen große Scheinblüten, innen fruchtbare Scheibenblüten) sowie rote Beeren. Der Wollige Schneeball besitzt nur Scheibenblüten in flach gewölbter Trugdolde und anfangs rote, in voller Reife schwarze Beeren. Nach der Blüte im Mai und Juni reifen die Früchte im September-Oktober bzw. August-September.

Der Gewöhnliche Schneeball wächst von Natur aus auf sickerfeuchten und frischen Standorten, etwa in Auenwäldern, an Wald- und Bachrändern und in Hecken auf nicht zu trokkenem Boden. Die andere Art zieht mit Hecken und Waldrändern mäßig frische, sonnige Standorte vor. Die Pflege erfolgt, wenn nötig, durch Rückschnitt oder Auf-den-Stock-Setzen. Beide einheimischen Arten sind durch ihre Blüten, Früchte und ihr buntes Herbstlaub sehr dekorative Sträucher.

Schwarzdorn, Schlehdorn, *Prunus spinosa*

Seltener nur in Norddeutschland, ist der Schwarz- oder Schlehdorn ansonsten einer der häufigsten und bekann-

An dünnen, abwärts geneigten Ästen sitzen die weißen Blüten der Spiersträucher. Für Schnitthecken eignen sie sich nicht.

testen Sträucher. Der sparrig verzweigte und dornenreiche Strauch bildet ein undurchdringliches Dickicht. Die Sträucher bringen im April (bis Mai) vor dem Laubaustrieb eine Fülle schneeweißer Blütchen. Die 2 bis 5 cm langen Blätter sind länglich elliptisch und am Rande scharf gesägt, im Herbst färben sie sich intensiv gelb bis braun. Die eßbaren Schlehen reifen als kugelige, maximal knapp Haselnußgröße erreichende Steinfrüchte mit blauschwarzer Farbe im September und Oktober. Vor ihrer Verarbeitung zu Saft, Likör oder Marmelade sollten sie ersten Nachtfrost erhalten haben – dann schmecken sie eher süß (siehe Abbildung auf Seite 11).

Häufig kommen Schlehen in Hecken und Gebüschen vor oder als Pioniergehölz auf verbuschenden, weil ungenutzten Magerrasen und an Waldrändern vom Flachland bis in die Alpen. Sie bevorzugen mäßig trockene bis frische Lehmböden und können sich durch Wurzelschößlinge relativ gut ausbreiten. Daneben tragen Vögel zur Verbreitung bei, weil die Schlehen gern gefressen werden.

Bis zu 120 verschiedene Schmetterlingsarten bevorzugen den Schwarzdorn zur Eiablage, wobei viele Arten vollständig auf diese Pflanze spezialisiert sind: Trauer-Grünwidderchen, Baumweißling, Segelfalter, verschiedene Zipfelfalter, Ordensbänder und andere Arten der Falterfamilie der Eulen. Rund 20 Vogelarten nutzen Schwarzdorn-Hecken als Nistplatz, darunter die gefährdeten Arten Neuntöter, Dorngrasmücke und Rebhuhn.

Spierstrauch, *Spiraea*-Arten

Obwohl nicht von Natur aus bei uns heimisch, fehlt der Spierstrauch in kaum einem Garten. Die etwa 80 in Europa, Asien und Amerika vorkommenden Arten gelten als anspruchslos, hart und pflegeleicht, und sie blühen ausgesprochen üppig. Ihre weißen, ro-

Reingefallen: Was sich Wacholderbeeren nennt, sind eigentlich Zapfen, deren Schuppen fleischig geworden sind. Ihre blauschwarze Färbung erhalten sie erst im zweiten Jahr.

safarbenen oder roten Blütenstände sind doldig, kugelig oder rispig. Spiersträucher gedeihen auf nahezu allen Böden, aber nicht in Schnitthecken. Ein sonniger Standort fördert ihre Blühfreudigkeit.

Vor allem eine Art, der Weiden-Spierstrauch *(Spiraea salicifolia)*, verwilderte und breitete sich in Ufergebüschen und Erlen-Eschen-Säumen entlang von Fließgewässern großflächig aus, beispielsweise im Schwarzwald, Bayerischen und Pfälzer Wald, im Donauraum, Harz, in Thüringen und Brandenburg. Für die heimische Natur birgt eine solche Ausbreitung Gefahren, weil andere Pflanzenarten der fremden Konkurrenz nicht gewachsen sind. Auch können häufig kaum Tiere auf diesen »Neubürgern« leben.

Wacholder, *Juniperus communis*

Gärtnereien bieten eine große Vielfalt an Arten und Züchtungen des Wacholders, der auf der nördlichen Erdhalbkugel mit 40 Arten vorkommt. Nur eine Art, der Gewöhnliche Wacholder, tritt außerhalb der Alpen in Deutschland von Natur aus auf. Das Nadelgehölz wächst teils buschig, teils säulenförmig, und trägt 10 bis 15 mm lange, stechend spitze, blaugrüne Nadeln. Die unscheinbaren zweihäusigen Blüten erscheinen im April und Mai, die Frucht benötigt zwei bis drei Jahre bis zu ihrer Reife. Die als Gewürz verwendete Scheinbeere ist erst eiförmig und grün, im voll entwickelten Zustand aber rund und blauschwarz bereift.

Der Wacholder gedeiht vor allem auf sonnigen Magerweiden und Heideflächen, und zwar von der Ebene bis in Lagen über 1600 m. Dort bildet er jedoch weniger richtige Hecken, sondern eher lückige Gebüsche. Um 2 bis 3 m groß zu werden, benötigt ein Wacholder-Strauch rund 20 Jahre. Aus der Natur entnommene Wildpflanzen gedeihen im Garten kaum, so daß man sich unbedingt – auch aus Gründen des Naturschutzes – auf Baumschulware beschränken sollte. Die angebotenen Zuchtformen und fremden Arten besitzen, außer vielleicht als Brutplatz für den Hänfling, keine Bedeutung für heimische Tierarten.

Wacholder kann zurückgeschnitten werden, erscheint aber für Formschnitt-Hecken nicht geeignet. Auf den Stock gesetzt zu werden, verträgt er nicht.

Weigelie, *Weigela*-Arten

Ein ähnlich verbreiteter Gartenstrauch wie die Forsythie ist die Weigelie, die mit zwölf verschiedenen Arten aus Nordamerika und Ostasien bekannt ist. Im Mai und Juni erscheinen ihre trichterförmigen Blüten in großer Fülle in den Farben weiß, rosa oder rot an kurzen Seitentrieben. Die schlanken, oft stark überhängenden Zweige lassen den Strauch nur 1 bis 2 m hoch werden. Besonders häufig gepflanzt und teils verwildert ist *Weigela florida*, die in bergigen Landschaften Ostasiens in Strauchmantel-Gesellschaften gedeiht. Weigelien sind ausgesprochen anspruchslos, was ihren Standort betrifft. Eine leicht geschützte Lage ist jedoch zu empfehlen.

Weißdorn, *Crataegus*-Arten

Der Weißdorn kommt im deutschsprachigen Raum mit verschiedenen Arten, Unterarten und Kreuzungen wildlebend vor. Es handelt sich um dornige, dichte Sträucher mittlerer Größe, die zum Teil auch baumartig wachsen. Die 2 cm breiten, weißlichen Blüten erscheinen im Mai und Juni nach dem Laubaustrieb. Die roten Früchte reifen im September und Oktober. Zwei Arten sind am häufigsten: der Zweigrifflige Weißdorn *(Crataegus laevigata)* mit zwei oder drei Blütengriffeln und nur wenig tief eingeschnittenen, dreilappigen Blättern (maximal zu einem Drittel der Fläche) und der auf gleichem Standort etwa zwei Wochen später blühende Eingrifflige Weißdorn *(Crataegus monogyna)* mit einem Griffel in der Blüte, aber tief, oft bis über die Hälfte eingeschnittenen Blättern.

Gern wächst Weißdorn auf mittel- bis tiefgründigen Lehmböden, wobei der Zweigrifflige Weißdorn etwas mehr Feuchtigkeit liebt als der Eingrifflige. Das Verbreitungsgebiet erstreckt sich von der Ebene bis in mittlere Gebirgslagen von 1000 m, zum Teil auch noch in höhere Lagen. Weißdorn verträgt Rückschnitt und Auf-den-Stock-Setzen sehr gut, aufgrund seiner hohen Ausschlagsfähigkeit war er ehemals als Heckenpflanze auch in den Dörfern und Gärten verbreitet. Die Frucht ist eßbar; in der Pharmazie wird sie als Herzmittel verwendet, und sie bildet eine beliebte Nahrung für Singvögel und Säugetiere. Die Blätter dienen den Raupen vom Trauer-Grünwidderchen und Baumweißling als Nahrung. Von den Blättern des Eingriffligen Weißdorns ernährt sich auch der Birken-Zipfel- und Segelfalter. Weißdorn-Sträucher können mehrere hundert Jahre alt werden.

Zierquitte, *Choenomeles*-Arten

Die Zier- oder Scheinquitte stammt mit drei unterschiedlichen Arten aus Ostasien. Sie alle zeigen große rote bis weiße, sehr dekorative Blüten im zeitigen Frühjahr vor oder bei Blattaustrieb. Die Blätter sind gekerbt oder gesägt. Die sparrigen Äste wachsen nur langsam und tragen mehr oder weniger starke Dornen. Die Früchte ähneln denen der Quitte und erreichen bis 5 cm Länge. *Choenomeles japonica* als häufige Zierpflanze wird nur 1 m hoch. Die Art trägt im März und April ziegelrote, 3 cm breite Blüten und besitzt breit-eiförmige Blätter. *Choenomeles speciosa*, seit 1796 in Europa eingeführt, wird mit 2 bis 3 m Höhe deutlich größer und bringt scharlachrote Blüten. Beide Arten werden in zahlreichen Sorten gehandelt.

Der Standort für Zierquitten sollte sonnig bis leicht halbschattig liegen, bei nicht zu armem Boden. Einzeln oder in freien Hecken ohne Formschnitt, meist kombiniert mit anderen Arten, werden sie häufig gepflanzt. Die größere Art bewährte sich durch ihre bessere Frosthärte.

Tief eingeschnittene Blätter unterscheiden den Eingriffligen Weißdorn von seiner Schwesterart.

Zwergmispel, *Cotoneaster*-Arten

Die Cotoneaster-, Zwerg- oder Felsenmispel-Arten wurden für überzeugte

Aus Ostasien stammen die Zierquitten – ein farbiger Blickfang vieler Gärten im zeitigen Frühjahr.

Der Faulbaum wächst häufig an Bachufern, Waldrändern und in Auenwäldern. Seine Blätter geben der Zitronenfalter-Raupe Nahrung.

Naturgärtner zum Sinnbild einer widersinnigen Kunstnatur in den Gärten: Überall im öffentlichen und privaten Grün gepflanzt, besitzen sie für heimische Tierarten kaum lebensfördernde Bedeutung. Doch nach wie vor schätzen Gärtner die Optik der Zwergmispel, ihr immer- oder wintergrünes Laub und ihre oft bunten Früchte. Der Vollständigkeit halber seien sie daher erwähnt: Rund 40 verschiedene Arten sind bekannt, die vor allem in den Gebirgen Europas, Nordafrikas und Asiens leben. Zwei Arten sind in Teilen Deutschlands heimisch, die Filzige Zwergmispel *(Cotoneaster tomentosus)* und die Gewöhnliche Zwergmispel *(Cotoneaster integerrimus)*. Die meisten *Cotoneaster*-Arten eignen sich für freiwachsende Hecken, soweit es sich nicht um Bodendecker handelt. Für strenge Schnitthecken kommen vor allem *Cotoneaster lucidus* und *C. acutifolius*, die aus China bzw. der Mongolei stammen, in Frage.

Hochwüchsige Sträucher

Faulbaum, *Frangula alnus*

Mit seinem relativ schlanken und bis 5 m, selten 7 m hohen Wuchs ist der Faulbaum ein Anpassungskünstler, was seinen Standort angeht. Er wächst in Erlenbrüchen, Birkenmooren und Auenwäldern, wo er nasse Füße verträgt, genauso wie in lichten Kiefern- und Eichenwäldern von der Ebene bis in mittlere Gebirgslagen.

Die bis 7 cm langen, wechselständigen Blätter sind eiförmig und ganzrandig. Sie erscheinen vor der Blüte im Mai und Juni. Die grünlichweißen, bis 5 mm großen Scheibenblüten stehen meist zu fünft in den Blattwinkeln. Die giftigen, erst grünen, dann roten und schließlich schwarzen beerenähnlichen Steinfrüchte kommen zwischen Juli und November zur Reife. Dabei reifen die Früchte ungleich schnell, so daß stets alle Reifegrade und Farben am gleichen Strauch und unmittelbar nebeneinander zu sehen sind. Vögel fressen die Faulbaum-Früchte gern. Die Raupen von Faulbaum-Bläuling und Zitronenfalter ernähren sich vom Blattgrün des Faulbaums, an den Blüten saugen gern Bienen, Schmetterlinge und Kleinfliegen.

Rückschnitt und auf den Stock gesetzt zu werden, verträgt der Faulbaum gut. Daher ist er auch für Gärten ein schöner, zu empfehlender Strauch – nicht zuletzt, weil er dem immer seltener werdenden Zitronenfalter eine Lebensgrundlage bietet.

Fliederhecken säumen in Norddeutschland teilweise ganze Straßenzüge. Ihre kräftig duftenden Blüten geben einen traditionellen Muttertags-Strauß ab.

Flieder, *Syringa*-Arten
Rund 25 verschiedene Arten und über 900 Zuchtsorten des Flieders sind auf der Welt bekannt. Schon im 15. Jahrhundert wurde er als Zierstrauch in deutschem Gebiet eingeführt – heute ist er eines der verbreitetsten Gehölze in Gärten und Grünanlagen. Zum Beispiel in Schleswig-Holstein wächst Flieder selbst in Wallhecken, teils sogar bestandsbildend. Meist gehen die Fliedervorkommen in freier Natur auf Anpflanzungen zurück, aus denen Pflanzen vielfach verwilderten, so um Potsdam und Jena.

Die wichtigste Art ist der Gewöhnliche Flieder *(Syringa vulgaris)*, der 2 bis 6 m hoch wird. Er trägt breit-ei- bis herzförmige Blätter. Die 10 bis 20 cm langen, lilafarbenen Blütenrispen erscheinen im Mai. Gleichermaßen eignet sich Flieder als Einzelstrauch oder für freie und selbst für geschnittene Hecken; er verträgt Rückschnitt und Auf-den-Stock-Setzen. Er ist ausgesprochen anspruchslos und hart, was seinen Standort angeht. Wer anstatt der in Südeuropa vorkommenden Wildsorte lieber Gartensorten pflanzen will, kann zwischen zahlreichen Züchtungen in den verschiedensten Farbtönen auswählen, von Weiß über Rosa und Rot bis zu Lila und Purpurn. Andere Arten sind zum Teil anspruchsvoller und verlangen volle Sonne, nährstoffreichen, am besten leicht kalkhaltigen und nicht zu trockenen Boden.

Haselnuß, *Corylus avellana*
Die Hasel oder Haselnuß kommt häufig bestandsbildend in Hecken, an Waldrändern, in Niederwäldern und im Unterholz lichter, krautreicher Laubwälder vor. Der zur Familie der Birkengewächse zählende Großstrauch wird im Normalfall 3 bis 5 m hoch, kann jedoch auch über 8 m Höhe erreichen und bildet dabei eine dichte, breite Krone aus. Seine Blätter sind rundlich eiförmig und groß, maxi-

mal 13 cm lang, mit herzförmigem Grund und mit fünf bis acht Seitennerven. Die Rinde zeigt weißliche Korkwarzen.

Die Hasel ist mit ihren schon ab Februar erscheinenen Blüten einer der allerersten Frühlingsboten: Die walzigen, maximal fingerlangen männlichen Kätzchen hängen zu zweit bis viert und sind bräunlichgrün bis grünlichgelb zum Zeitpunkt des Stäubens. Die unscheinbaren weiblichen Blüten sind davon getrennt, wachsen jedoch auf demselben Strauch: Sie ähneln mit ihrer braungrünen Farbe normalen Laubknospen und fallen allenfalls durch ihre roten, fadenförmigen Narben auf. Die eßbaren und leckeren Haselnüsse reifen von August bis Oktober: anfangs sind sie bleichgrün, später braun. Bis zu 2 cm groß, sitzen sie wie in einem Becher in einer grünen, gezähnten, blattartigen Fruchthülle.

Die Hasel bevorzugt nährstoffreiche, frische Stein- und Lehmböden in allen Landschaften von der Ebene bis in Gebirgshöhen von über 1400 m. Sie gedeiht in Licht und Halbschatten am besten, verträgt aber auch schattige Standorte. Ihre hochgradige Ausschlagfähigkeit nach einem Auf-den-Stock-Setzen und Schnittverträglichkeit läßt sie für alle Hecken in der freien Landschaft und für größere Gärten sehr geeignet erscheinen, da sie sich rasch wieder regeneriert. Der einzelne Strauch kann bis zu 80 Jahre alt werden.

Die Haselnüsse dienen nicht nur dem Menschen als Nahrungsmittel, sondern auch Eichhörnchen, Haselmaus, Sieben- und Gartenschläfer, Eichelhäher, Kleiber, Buntspecht und anderen Vogelarten. Sie öffnen die harte Nußschale mit sehr unterschiedlichen Techniken – an den Spuren läßt sich oft der Urheber identifizieren. Die Raupe des Birkenzipfelfalters ernährt sich auch von Haselblättern.

Als fremdländische Zierpflanzen finden vor allem die größere Baumhasel *(Corylus colurna)* und die teils rotblättrige Lambertsnuß *(Corylus maxima)* Verwendung.

(Schwarzer) Holunder, *Sambucus nigra*

3 bis 7 m hoch wird der Schwarze Holunder, ein schnellwüchsiger Strauch, der etwas Platz braucht, aber ab einem gewissen Alter durch üppige Blütendolden und seine blauschwarzen Früchte auffällt. Er kann auch in einzelnen Exemplaren zwischen anderen Gehölzen stehen, zum Beispiel in Hainbuchenhecken, doch wirkt er hier leicht etwas licht. Traditionell gehört der Holunder neben Scheunen, Schuppen und Gartenlauben und – in der freien Landschaft – in Hecken und Gebüsche, feuchte Wälder und Waldlichtungen. Er kommt von der Ebene bis in 1600 m Höhe der Alpen vor. Optimal sind leichte, nährstoffreiche Böden, die nicht zu trocken sind.

Der Schwarze Holunder besitzt sehr lange und kaum verzweigte Triebe; ältere Stämme sind oft krumm und verknorzt. Die großen Blätter sind gefiedert. Der Blütenaustrieb kommt nach den Blättern von Juni bis August. Die gelblichweißen Blüten stehen in großen Trugdolden. Eine leckere Spezialität sind im Teigmantel gebackene Holunderblüten. Die Früchte sind zunächst grün, in reifem Zustand (August und September) dann blauschwarz glänzend. 100 g der Beeren enthalten bis zu 18 mg Vitamin C; sie lassen sich zu Saft, Holunderhonig, Mus, Kompott und Suppe verarbeiten. Die Mönchsgrasmücke frißt ganz besonders gern Holunderbeeren, doch auch viele andere Vogelarten tun dies. Rosenkäfer und Blumenfliegen haben sich auf die pollenreichen Blüten spezialisiert.

Auf Waldlichtungen gedeiht der Rote oder Traubenholunder *(Sambucus racemosa)* mit gelblich-grünen Blüten und roten Beerenrispen; die Beeren sind roh ungenießbar. Diese Art wird

Im Juli schmückt sich der Holunder mit üppigen, duftenden Blütendolden. Die traditionelle ländliche Küche verwendet seine schwarzen Früchte auf vielfältige Weise.

nur 2 bis 4 m hoch. Im Garten ist der Traubenholunder für schattige Plätze gut geeignet – und nicht minder dekorativ.

Kornelkirsche, *Cornus mas*

Zur Familie der Hartriegelgewächse gehört die Kornelkirsche, die häufig als Zierstrauch gepflanzt wird und oft verwildert. Ursprünglich wild kommt sie nur relativ selten in sonnigen Gebüschen, lichten Eichenwäldern und Auengebieten vor. Dort bevorzugt sie nährstoff- und basenreiche Lehm- und Mullböden und einen halbschattigen Standort.

Die Kornelkirsche ist ein sparrig und breit wachsender, mittelgroßer bis großer Strauch, der als Baum maximal 8 m hoch wird, als Strauch jedoch kaum höher als 5 m.

Die goldgelben Blüten in kleinen Dolden erscheinen bereits im Mai vor dem Blattaustrieb. Die einfachen Blätter besitzen drei oder vier Nervenpaare, die im Bogen vom Grund zur Spitze des leicht welligen Blattes verlaufen. Zwischen August und Oktober werden die eßbaren Früchte reif: längliche, rote und saftige Steinfrüchte, die bis 2 cm lang werden. Sie sind ausgesprochen reich an Vitaminen.

Die Kornelkirsche ist als freiwachsender Strauch ebenso wie für kleine und große geschnittene Hecken geeignet. Sie bevorzugt Sonne, gedeiht aber auch im Halbschatten noch gut. Ihre dekorativen Blüten und Früchte – Nahrung für Insekten, Vögel und Säugetiere – lassen sie für Zierhecken sehr empfehlenswert erscheinen.

Lebensbaum, *Thuja occidentalis*

Das wohl mit Abstand häufigste fremdländische Nadelgehölz in Gärten, Grünanlagen und vor allem auf Friedhöfen, der Lebensbaum, sei nur der Vollständigkeit halber erwähnt. Am verbreitetsten ist der Abendländische Lebensbaum mit über 60 bekannten Züchtungen. Er stammt aus dem östlichen Nordamerika; dort wird er bis zu 20 m hoch. Die Krone zeigt eine schlanke Pyramidenform. Die schuppenartigen Blätter verfärben sich im Winter bräunlich bis gelbgrün. Der Lebensbaum verträgt Formschnitt. Seine ohnehin starke Verbreitung und seine unbedeutenden Funktionen für heimische Tier- und Pflanzenarten (nur wenige Vögel nutzen ihn als Nistplatz) sollten dazu führen, auf ihn als Zierstrauch künftig weitgehend zu verzichten und statt dessen andere Arten zu wählen.

Traubenkirsche, *Prunus padus*
Auenwälder, -gebüsche und Waldränder auf sickernassen Lehm- und Tonböden im Halbschatten sind die Heimat der bis 10 m hohen Traubenkirsche. Im April und Mai unterscheiden sie ihre zehn- bis 20blütigen, weißen und typischerweise leicht überhängenden Blütentrauben von allen anderen Gehölzen. Sie stellt eine wichtige Bienenweide und Nektarpflanze für Schwebfliegen dar. Die rötlich-schwarze Steinfrucht reift im Juli-August und wird gern von Vögeln gefressen. Die einfachen Blätter, 5 bis 12 cm lang, sind elliptisch spitz und am Rande gezähnt.

Bäume

Auch Bäume können Hecken bereichern oder sie sogar allein aufbauen – nicht nur, wenn es sich um Baumhekken handelt. Man denke nur an die weitverbreiteten Hainbuchen-Hekken: Der regelmäßige Schnitt hält das Höhenwachstum der Bäume zurück und läßt statt dessen eine dichte grüne Mauer von 1, 2 oder 3 m Höhe entstehen. Und wo genügend Platz vorhanden ist, etwa in großen Gärten, Parks und erst recht in der freien Landschaft, können sich einzelne, nicht zurückgeschnittene Bäume zu regelrechten Prachtstücken entwikkeln. Nicht zuletzt gehören Bäume schon immer zum Arteninventar der Hecken in Agrarlandschaften und an Waldrändern, die mehr oder minder regelmäßig auf den Stock gesetzt werden. Geeignete Arten werden nachfolgend kurz porträtiert.

Ahorn, *Acer*-Arten
Das lateinische Wort *acer* bedeutet scharf oder spitz: Der Name des Ahorn bezieht sich auf die oft spitz gelappten Blätter dieser Gattung, die mit rund 150 verschiedenen Arten auf der Erde vorkommt. Vor allem drei Arten spielen von Natur aus eine größere Rolle in Deutschland: Feldahorn *(Acer campestre)*, Bergahorn *(Acer pseudoplatanus)* und Spitzahorn *(Acer platanoides)*.

Der Feldahorn tritt in Hecken, krautreichen Eichen-Hainbuchen- und Buchenwäldern sowie in Auenwäldern auf. Mit 3 bis 15 m Höhe bleibt er mit seiner schmalen Krone relativ niedrig. Seine Rinde ist dickrissig; die mattgrünen, drei- bis fünflappigen Blätter sind vergleichsweise klein und zeigen im Herbst eine leuchtendgelbe Farbe. Der Feldahorn kommt, wenngleich im Norden seltener, von der Ebene bis in Höhenlagen von knapp 1000 m vor.

Vor allem in den Gebirgen liegt der natürliche Lebensraum des Bergahorns – und dort in Schlucht- und Buchenmischwäldern. Seine Ausmaße fallen mit 15 bis 30 (40) m Höhe deutlich größer aus. Die fünflappigen Blätter sind meist länger als 10 cm, oberseits matt dunkel-, unterseits bläulichgrün. Die Rinde blättert ab, ähnlich wie bei der Platane.

Der Spitzahorn bevorzugt sonnige Linden-Ahorn-Hangwälder, tritt jedoch auch in Schluchtwäldern, Hartholzauen und Eichen-Hainbuchenwäldern auf. Ähnlich wie der Feldahorn fehlt er im norddeutschen Flachland weitgehend und dringt bis in mittlere Gebirgslagen um 1000 m Höhe empor. Die bis 18 cm breiten Spitzahorn-Blätter zeigen einen rundlichen Umriß und spitze Blattzipfel, nicht stumpfe wie der Bergahorn. Die Rinde des Baumes ist nur fein gefurcht.

Die Blüten des Bergahorns sitzen in 5 bis 15 cm langen hängenden Trauben und erscheinen im Mai und Juni; die der beiden anderen bilden kurze, doldige Blütenstände (Spitzahorn im April und Mai, Feldahorn im Mai). An den Boden stellen sie keine allzu hohen Ansprüche, besonders der Spitzahorn kommt auch mit magerem und trockenem Boden klar. Obwohl auch einige fremdländische Ahornarten und Zuchtformen im Handel sind, finden gerade bei den Ahornarten für Pflanzungen meist die einheimischen Spezies Verwendung. Der Feldahorn eignet sich besonders als Heckenstrauch: Er läßt sich selbst zu 1,5 m niedrigen Hekken zurechtstutzen, aber auch zu 6 m hohen Baumwänden erziehen.

Birke, *Betula pendula*

Die Hängebirke ist von den einheimischen Birkenarten am weitesten verbreitet. Schnellwüchsig und lichtliebend sorgt sie für rasche Begrünung, doch scheidet sie für eine Verwendung in Schnitthecken aus. Sie wird 10 bis 25 m hoch. Kennzeichnend sind eine weiße, mit zunehmendem Alter dunkle, dicke Borke, die dreiekkigen, lang gestielten Blätter, die in jungem Zustand ebenso wie junge Äste klebrig sind, und hängende junge Verästelungen der Zweige. Die Hängebirke kommt in nahezu allen Höhenlagen vor und ist hinsichtlich des Bodens völlig anspruchslos. An ihren Blättern fressen die Raupen von Birken-Zipfelfalter und Trauermantel.

Eberesche, *Sorbus aucuparia*

Als dekorativer Zierbaum, Bienenweide, Wild- und Vogelfutter wird die Eberesche oder Gewöhnliche Vogelbeere gern gepflanzt. Ihr natürlicher Standort liegt in lichten Laub- und Nadelwäldern vor allem des Gebirges. Sie kommt an der Waldgrenze, als Pionier auf Kahlschlägen und an Waldrändern in allen Höhenlagen von der Ebene bis um 2000 m Höhe vor.

Zu erkennen ist die 5 bis maximal 15 m hohe Eberesche an ihren gefiederten Blättern mit scharf gezähnten, 4 bis 6 cm langen Fiederblättchen. (Die größeren Fiederblättchen der Esche sind nur fein gezähnt.) Die Rinde der Eberesche ist glatt. Im Mai und Juni treibt der Baum seine weißblütigen, doldenartigen Blütenrispen von bis zu 15 cm Durchmesser. Im Herbst reifen die roten, fast kugeligen und knapp 1 cm dicken Früchte.

Die Eberesche gedeiht auf nahezu allen Böden. Ihre Früchte lassen sich zu Marmelade und anderen Produkten verarbeiten. Verwandt sind die Mehlbeere *(Sorbus aria)* mit orangeroten Früchten und die Elsbeere *(Sorbus torminalis)* mit gelben bis braunen Früchten.

Weiße, doldige Blütenrispen und gefiederte, scharfzähnige Blätter markieren die Eberesche oder Vogelbeere im Frühjahr, rote Früchte im Herbst.

Eibe, *Taxus baccata*

Dunkle, immergrüne Nadeln zeichnen die Eibe aus, die selten von Natur aus im Unterholz von Buchen-, Tannen-

und Eschenwälder des Berglandes und an felsigen Hängen vorkommt. Sie wächst strauchförmig 2 bis 5 m hoch, als Baum erreicht sie maximal 15 bis 20 m Höhe. Im Gegensatz zur Tanne besitzen ihre Nadeln unterseits keine feine weiße Linie. Eiben sind zweihäusig, das heißt, männliche und weibliche Blüten kommen auf getrennten Pflanzen vor. Die männlichen Blüten sind hellgelblich und kätzchenartig, die weiblichen unscheinbar grünlich. Die Blüte fällt in die Zeit zwischen März und Mai. Die roten fleischigen Scheinbeeren reifen im September und Oktober; der darin enthaltene Samen ist giftig.

Eiben wachsen sehr langsam, können aber leicht mehrere hundert Jahre alt werden. Sie werden gern als Zierhecken gepflanzt, weil sie auch starkes Beschneiden sehr gut vertragen und schöne Hecken in ganz unterschiedlichen Höhen und selbst kunstvolle Figuren und Plastiken abgeben. Dabei finden neben der einheimischen Art zahlreiche Zuchtformen und teils fremdländische Arten Verwendung. Am besten gedeiht die Eibe auf kalkhaltigem Boden im Halbschatten, doch sie toleriert auch Vollschatten und die Konkurrenz durch andere Bäume. In freier Lage können Frostschäden auftreten; ein starkes Zurückschneiden bis zum Stamm regt jedoch zur Regenerierung an.

Eiche, *Quercus*-Arten

Stieleiche *(Quercus robur)* und Traubeneiche *(Quercus petraea)* sind häufige Waldbäume: Von Natur aus wächst die Stieleiche in Laubmischwäldern, besonders in Auen der tiefen und mittleren Lagen; die Traubeneiche kommt vorwiegend in den Eichenwäldern der tiefen Gebirgslagen und des Hügellandes vor. Die Stieleiche verträgt dabei größere Schwankungen der Bodenfeuchte.

Beide Eichenarten besitzen eine rissige Rinde und typisch wellig gebuchtete Blätter. Bei der Stieleiche sind die Blattstiele kürzer als 1 cm, die Eicheln hingegen sitzen auf 3 bis 8 cm langen Stielen – daher der Name des Baumes. Umgekehrt besitzt die Traubeneiche längere Blattstiele (1 bis 3 cm), aber kurzgestielte Eicheln (maximal 1 cm). Wildarten fressen die Eicheln gern, von den Blättern ernähren sich zum Beispiel Eichenzipfelfalter und Gallmücken.

Auf-den-Stock-Setzen vertragen die Eichen, denn sie gedeihen auch in regelmäßig abgeschlagenen Niederwäldern. Die Stieleiche kann problemlos auch in beschnittene Hecken gepflanzt werden.

Fichte, *Picea abies*

Die Fichte bildet in den Forsten eine der wichtigsten Wirtschaftsbaumarten. Vor Einführung der planmäßigen Forstwirtschaft war sie jedoch auf die höchsten Lagen der Mittelgebirge und den Alpenraum oberhalb von 800 bis 900 m Meereshöhe beschränkt. Dort wird sie über 40 m hoch, feuchtkühles Klima und nahrhaften, humosen, frischen Boden vorausgesetzt. Genauso geeignet ist die Fichte für Schnitthecken, doch bildet sie eigentlich nur im Bereich ihres natürlichen Verbreitungsgebiets richtig schöne, dichte Hecken. Lückig hingegen wird sie leicht im Flachland oder bei zu trockenem Boden.

Die Fichte ist von anderen Nadelgehölzen durch die rotbraune Rinde, durch die vierkantigen, spitzen Nadeln und die herabhängenden Zapfen zu unterscheiden. Gärtnereien bieten eine große Vielfalt gezüchteter Sorten und anderer Fichtenarten an. In einem Naturgarten sollten sie jedoch allesamt fehlen: Heimischen Tierarten bieten sie kaum Attraktionen.

Hainbuche, *Carpinus betulus*

Als einzelnstehender Baum wird die Hainbuche bis zu 20 m hoch und manchmal in ihrer Krone ebenso breit.

Gut gepflegt, gibt eine dichte Hainbuchen-Hecke sommertags besonders wirkungsvollen Sichtschutz.

Genauso verträgt sie aber auch strengen Schnitt, selbst Formschnitt zu verschiedenen Figuren, grünen Toren usw. Daher ist sie eines der wichtigsten und häufigsten Heckengehölze. Ihre länglich-eiförmigen, faltigen und hellgrünen Blätter verfärben sich im Herbst goldgelb, und sie bleiben oft den ganzen Winter über am Strauch hängen, so daß sie ihre abschirmende Wirkung auch in der an sich blattlosen Jahreszeit behält. Die Blütenkätzchen erscheinen im April und Mai. Als Frucht entsteht eine Nuß, von einer grünen Blütenhülle umschlossen.

Bestandsbildend tritt die Hainbuche in gras- und krautreichen Laubwäldern der Tieflagen, in Hecken und an Waldrändern auf, und zwar von der Ebene bis in Lagen nahe 1000 m Höhe. Sie stockt auf frischen bis mäßig trockenen, tiefgründigen Sand- und Lehmböden. Durch das Auf-den-Stock-Setzen in Niederwäldern wird sie gefördert, da sie rasch regeneriert.

Kiefer, *Pinus sylvestris*

Ähnlich wie im Falle der Fichte, offerieren Gärtnereien auch für Kiefern ein reichhaltiges Sortiment an fremdländischen Arten und hochgezüchteten Sorten. Naturschützer haben dafür nur ein nachdenkliches Stirnrunzeln übrig, weil diese Nadelgehölze ökologisch wenig Nutzen, sondern aufgrund ihrer Anfälligkeit gegenüber Krankheiten und Schäden anrichtenden Insekten eher Schaden stiften. Wer möchte, kann jedoch die angebotenen Kiefern in nahezu beliebigen Höhen zu Schnitthecken erziehen. Ihr Vorteil liegt darin, daß sie auch auf mageren, schlechten Böden noch ausreichend gedeihen. Wer auf immergrüne Sträucher Wert legt, findet mit Eiben eine sinnvolle Alternative.

Die in deutschen Forsten am weitesten verbreitete Waldkiefer gedeiht von Natur aus auf laubholzfeindlichen Standorten: Felsen, Schotterflächen, Dünen und Moorrändern. In der Regel

Wählt man kriechend wachsende Kiefernsorten, ergeben sich Niederhecken, die abgrenzen, aber nicht abschirmen.

bevorzugt sie mäßig trockene Lehm-, Sand- und Torfböden. Als Baum wird sie mit kegel- oder schirmförmiger Krone bis 40 m hoch. Die rostrote Rinde verfärbt sich bei älteren Bäumen im unteren Stammteil dunkelbraun. Die grau- oder blaugrünen Nadeln, 4 bis 7 cm lang, sitzen jeweils zu zweit. Kiefernzapfen sind kugel- bis eiförmig und hängen. Bis zur ersten Blüte müssen Kiefern 30 bis 70 Jahre alt werden.

Linde, *Tilia*-Arten

Wo ausreichend Platz vorhanden ist, stellen Linden als Einzelbäume – ohne Rückschnitt – eine wertvolle Bereicherung von Hecken dar. Jedoch läßt sich gerade die Winterlinde auch für Schnitthecken und beschnittene Baumwände verwenden.

Zwei Arten kommen als einheimische Bäume vor: die 10 bis 25 m hohe Winderlinde *(Tilia cordata)* und die 15 bis 40 m hohe Sommerlinde *(Tilia platyphyllos)*. Mit 6 cm Länge ist das herzförmige Blatt der Winterlinde relativ klein. Als wichtiges Unterscheidungsmerkmal sind ihre Blattstiele kahl; bei der Sommerlinde sind sie behaart, zudem findet sich in den Winkeln der Blattnerven ein weißer »Bart«, die Blätter sind größer (Länge 10 bis 12 cm). Von Natur aus wächst die Winterlinde in Eichen-Hainbuchen-Wäldern und in Eichen-Auenwäldern in sommerwarmer Klimalage von der Ebene bis in mittlere Gebirgshöhen. Die Sommerlinde findet sich in krautreichen Schlucht- und Buchen-Linden-Bergwäldern vor allem in mittleren Gebirgslage mit höheren Niederschlagsmengen. Beide Arten gelten als sehr gut ausschlagfähig, können also auch auf den Stock gesetzt werden, ohne Schaden zu nehmen. Ihre etwa im Mai erscheinenden, duftenden Blüten werden besonders von Bienen intensiv genutzt, sie liefern guten Honig.

Für fremdländische Linden gilt dies nicht, ja sie sorgten als Ursache des Hummelsterbens für negative Schlagzeilen: Besonders unter der spätblühenden Silberlinde *(Tilia tomentosa)* und der Krimlinde *(Tilia × euchlora)*, teils auch unter Hybriden der Winterlinde, verenden zur Blütezeit massenhaft Hummeln. Vermutlich handelt es sich dabei um eine Vergiftung durch den Nektar der Blüten. Aus Gründen des Hautflügler-Schutzes sollten daher nur Sommer- und reinrassige Winterlinden gepflanzt werden.

Soweit es sich nicht um nährstoffarme und trockene Böden handelt, gedeihen Winter- und Sommerlinde überall gut. Das trifft auch in halb oder ganz schattiger Lage zu.

Mehlbeerbaum, *Sorbus aria*

Als Verwandter der Eberesche kommt der Mehlbeerbaum in sonnigen Eichen- und Buchenwäldern, in trockenen Gebüschen und auf Felsen vor, auch in subalpinen Hochstaudengebüschen. Die Blätter des 2 bis 10 m, selten bis 15 m hohen Gehölzes sind einfach und gesägt, unterseits weißfilzig. Auch die jungen Triebe und die Doldenripsen der im Mai erscheinenden weißen Blüten sind weißfilzig. Die Früchte sind orangerot und um 2 cm lang. Die Mehlbeere eignet sich für lichte (bis halbschattige) Standorte auf eher trockenen Böden für ungeschnittene Hecken.

Rotbuche, *Fagus sylvatica*

Als bestandsbildender Waldbaum ist die Rotbuche mit 30 bis 35 (40) m Höhe von der Ebene bis in 1500 m hoch gelegene Gebirgslagen bekannt. Doch sie eignet sich ebenso als Heckenstrauch, verträgt sie doch regelmäßigen Schnitt und bildet dann relativ dichte Hecken. Im Herbst verfärben sich ihre eiförmigen, ganzrandigen Blätter mit gelben und rotbraunen Farbtönen, wobei jüngere Exemplare ihr abgestorbenes Laub teilweise auch den Winter über behalten und erst im folgenden Jahr vollständig abwerfen. Die Rotbuche gedeiht optimal auf etwas besserem, lehmigem und kalkhaltigem Boden. Aufgrund ihrer geringen Ausschlagfähigkeit sollte man sie nicht auf den Stock setzen, was bei der Hainbuche völlig unproblematisch ist.

Vogelkirsche, *Prunus avium*

Die Wild- oder Vogelkirsche bildet die Stammform der in Gärten und Plantagen angepflanzten Kultursorte der Süßkirsche. Wild gedeiht sie in krautreichen Laub- und Nadelmischwäldern tieferer Lagen, an Waldrändern und in Hecken. Im allgemeinen, besonders in höheren Lagen, beansprucht sie einen sonnigen Standort. Anlehmige und etwas bessere Böden sagen ihr am meisten zu.

Die Rinde des Baumes ist rotbraun bis schwärzlich gefärbt und ringelt sich häufig in Querstreifen ab. Die eiförmigen Blätter sind 6 bis 15 cm lang und gezähnt. Die weißen, in Büscheln sitzenden Blüten zieren den Baum im April und Mai. Die roten bis schwarzroten Kirschen sind 1 bis 1,5 cm groß. Sie werden von Kleinsäugern und von Insektenfressern unter den Singvögeln gern gefressen. Von den Blättern ernährt sich die Raupe des Segelfalters. Die Wildform wird im Schwarzwald zur Kirschwasser-Herstellung noch heute angepflanzt.

Weiden, *Salix*-Arten

Frische bis nasse Böden der Auen bilden den wichtigsten Standort der rund 300 verschiedenen und nur schwer bestimmbaren Weiden-Arten in der gemäßigten und kühleren nördlichen Zone der Erde. Für den Garten sind sie nur beschränkt geeignet, eher für Parks und die freie Landschaft. Dort bilden die zur Gewinnung von Flechtmaterial und Brennholz regelmäßig geschnittenen Kopfweiden eine besondere Form der Grundstücks-Be-

Das Kleine Immergrün kommt häufig auf ehemaligen Siedlungs-Standorten und in alten Burggärten vor.

grenzung und ein kulturhistorisches Zeugnis einer traditionellen Nutzung. Echte Heckenpflanzen sind sie eigentlich nicht, doch können sie Hecken durchaus bereichern.

Zwei Beispiele seien herausgegriffen: die Salweide *(Salix caprea)* und die Purpurweide *(Salix purpurea)*. Beide Arten können strauch- oder baumförmig wachsen und dann als Baum bis 10 m Höhe erreichen. Die Salweide trägt an ihren rotbraunen Ästen einfache, meist eiförmige Blätter, die oben dunkel-, unten blaugrün und deutlich genervt sind. Purpurrote Zweige zeichnen die Purpurweide zumindest in jungem Zustand der Äste aus, ihre länglichen, gezähnten Blätter in ähnlicher Färbung wie jene der Salweide sind 4 bis 12 cm lang und 1,5 cm breit. Als Blüten tragen die Weiden im zeitigen Frühjahr die bekannten Kätzchen, die eine sehr wichtige Bienenweide sind – zu einem Zeitpunkt, wenn noch kaum andere Nektarpflanzen blühen.

Begleitpflanzen der Hecken

Eine Hecke besteht nicht nur aus Sträuchern. Wer einmal mit offenen Augen durch die Landschaft geht und sich die Bodenoberfläche unter einer Hecke und den Saum unmittelbar am Rande einer Hecke genauer ansieht, wird eine Fülle weiterer Pflanzenarten feststellen: buntblühende Kräuter, darunter auch viele Stauden, rankende Gewächse und Gräser. Auch in Grünanlagen und Gärten sollte dieser Heckenflora der nötige Raum gelassen werden – sie bietet zusammen mit den Sträuchern Lebensraum für viele Pflanzen- und Tierarten, die nicht zuletzt für eine biologische Schädlingsbekämpfung von Nutzen sein können. Eine Hecke ist ökologisch um so wertvoller, je breiter ein Saum krautiger Arten auf beiden Seiten des Gehölzriegels ausgebildet ist.

Welche Pflanzen gedeihen am Heckenfuß? Die folgende Übersicht soll auf häufige Arten der heimischen Flora hinweisen. Andererseits kann die – notwendigerweise lückenhafte – Zusammenstellung Anhaltspunkte liefern, welche Arten man unter und am Rande von Hecken anpflanzen kann. Wir beschränken uns bei den Beschreibungen auf einheimische Arten.

Blütenpflanzen unter 50 cm Höhe

Bingelkraut, *Mercurialis perennis*

Die Blätter des Bingelkrauts sitzen nur im oberen Teil des Stengels der 15 bis 30 cm großen Pflanze. Die 4 bis 12 cm langen, länglich-lanzettlichen Blätter sind stumpf gezähnt. Im April und Mai erscheinen die unauffälligen Blüten mit grünem Kelch in Rispen oder Knäueln. Das Bingelkraut wächst auf sickerfrischem, nährstoff- und basenreichem Lehmboden im Schatten. Es treibt Ausläufer, um sich auszubreiten.

Buschwindröschen, *Anemone nemorosa*

Im März und April erfreut das Buschwindröschen mit seinen weißen oder zart rosafarbenen Blüten als einer der ersten Frühlingsblüher. 10 bis 25 cm hoch, bildet es eine vergängliche Erscheinung: Die meist zu dritt stehenden, 3 bis 6 cm langen und fast bis zu ihrem Grund geteilten Blätter verdorren wenig später, nachdem die Hecke oder der Wald ergrünt sind und ihr das nötige Licht rauben. Die einzeln stehenden Blüten erreichen 2 bis 4 cm im Durchmesser. Am häufigsten ist das Buschwindröschen auf frischen, nährstoffreichen und lockeren Lehmböden. Ähnlich, aber mit kräftig gelben Blüten (Blütezeit April-Mai), ist das Gelbe Windröschen *(Anemone ranunculoides)* mit 10 bis 20 cm Höhe.

Ehrenpreis, *Veronica*-Arten

Von den 37 verschiedenen Ehrenpreis-Arten Deutschlands können vor allem drei in und an Hecken vorkommen: Der Efeublättrige Ehrenpreis *(Veronica hederifolia)* wird 5 bis 30 cm hoch; er besitzt dem Efeu ähnliche, drei- bis siebenlappige, rundliche und bis 2 cm lang gestielte Blätter. Die 6 bis 9 mm breite Blüte trägt hellblaue, dunkel geaderte Blütenblätter (Blüte von März bis Mai). 15 bis über 40 cm hoch wird der Große Ehrenpreis *(Veronica teucrium)* mit sitzenden, eiförmig-lanzettlichen, grob gesägten Blättern mit rundlichem Grund, seine 10 bis 13 mm breiten Blüten sind lichtblau. An zwei deutlichen Haarreihen am Stengel erkennt man den Gamander-Ehrenpreis *(Veronica chamaedrys)*, der 10 bis 30 cm hoch wird. Er trägt gegenständige, eiförmige und gekerbte Blätter (nicht oder nur kurz gestielt) sowie zwischen April und Juni himmelblaue, dunkel geaderte Blüten.

Der Efeublättrige Ehrenpreis gilt als Zeigerpflanze für Lehmböden, der Große Ehrenpreis gedeiht auf kalkhaltigen Lehm- und Lößböden in wärmerer, sonniger Lage am besten, und auch der Gamander-Ehrenpreis bevorzugt nährstoffreiche Lehmböden.

Gundermann, *Glechoma hederacea*

Die Gundelrebe oder der Gundermann ist ein 10 bis 20 cm hoher Lippenblütler mit 1 bis 2 cm großen, blauvioletten Blüten, die in Blattachseln sitzen. Charakteristisch sind die niederliegenden, kriechenden Stengel und die rundlich-nierenförmigen Blätter mit gekerbtem Rand. Der Gundermann verlangt frische bis feuchte, nährstoff- und basenreiche Lehmböden im Halbschatten oder Licht; er zeigt reichen Nährstoffgehalt des Bodens an.

(Kleines) Immergrün, *Vinca minor*

Ganzjährig grün bleiben die glänzenden Blätter von lanzettlicher Gestalt mit ledriger Oberfläche. Das Kleine Immergrün rankt weit über den Boden und erreicht nur Höhen von 10 bis 20 cm. Die fünfblättrigen, mittelblauen Blüten mit 2 bis 3 cm Durchmesser stehen auf 1 bis 2 cm langen Stielen im April und Mai. Die anspruchsvolle Pflanze bevorzugt frische Lehm- und Tonböden in mild-humidem Klima im Halbschatten bis Schatten. Bereits zu historischen Zeiten wurde Immergrün

Frühlingsblüher am Heckensaum: Zeitgleich mit dem gelben Scharbockskraut beginnt das Buschwindröschen zu blühen.

als Zierpflanze angepflanzt: Immergrün-Vorkommen deuten häufig auf alte, wüst gefallene Siedlungs-Standorte und Burggärten hin.

(Kriechender) Günsel, *Ajuga reptans*

Vom Gundermann und den meisten anderen Lippenblütlern unterscheidet den Kriechenden Günsel – der zur selben Familie zählt – eine kurze zweilappige Oberlippe und eine große, dreilappige Unterlippe mit breitem Mittellappen. Der Kriechende Günsel bildet oberirdische Ausläufer; er besitzt lang gestielte, spatelige Grundblätter und am Stengel sitzende Blätter, die nach oben allmählich kleiner werden und oft teils rötlich angelaufen sind. An dem ährenartigen Blütenstand sitzen jeweils zwei bis sechs Blüten in der Achsel eines Stengelblatts. Die blauen bis rötlichen Blüten werden 10 bis 15 mm lang; Blütezeit ist Mai bis Juli. Am liebsten wächst diese Staude auf frischen, nährstoffreichen Lehmböden bei voller Besonnung oder im Halbschatten.

(Hohler) Lerchensporn, *Corydalis cava*

Zehn bis 20 purpurfarbene oder weiße Blüten bilden beim Hohlen Lerchensporn eine aufrechte Traube, die im März und April, selten bis Anfang Mai blüht. Die Pflanze wird 15 bis 30 cm hoch und besitzt eine Wurzelknolle. Die doppelt dreizähligen Blätter von blau-grüner Färbung vergehen nach vollem Laubaustrieb der sie beschattenden Gehölze. Natürliche Standorte sind frische, nährstoff- und basenreiche, tiefgründige Lehmböden. Der Hohle Lerchensporn beweist mit seinem Vorkommen Nährstoffreichtum und das Vorhandensein von Lehm an seinem Standort. Er ist oft in Lehm- und Kalkgebieten zu finden.

Nelkenwurz, *Geum urbanum*

Die Echte Nelkenwurz, 20 bis 50 cm hoch (selten auch größer), zählt zu den Rosengewächsen. Sie zeichnet sich durch lang gestielte, gefiederte Grundblätter, grob gezähnte und eingeschnittene Fiederblätter, große Nebenblätter und einen mehrblütigen Stengel mit gelben Blüten (Mai bis September) aus. Die etwas wärmeliebende Nelkenwurz wächst auf frischen, nährstoffreichen Lehm- und Tonböden und zeigt somit Nährstoffreichtum an.

Scharbockskraut, *Ranunculus ficaria*

Die Triebe des Scharbockskrauts liegen am Boden und wurzeln häufig an den Knoten der Ausläufer. Die Pflanzen erreichen 5 bis 20 cm Höhe. Ihre rundlich-herzförmigen Blätter haben eine stark glänzende Oberfläche. Die Blütezeit dauert von März bis Mai; die kräftiggelben Blüten erreichen 2 bis 3 cm im Durchmesser. Das Scharbockskraut zeigt Nährstoffreichtum und Lehmboden an, kommt jedoch auch auf Tonböden vor. Es bevorzugt feuchte Böden und etwas wärmere Lagen im Schatten oder Halbschatten.

Sternmiere, *Stellaria holostea*

10 bis 30 cm hoch wird die Pflanze. Der vierkantige Stengel trägt steife,

Vor Laubaustrieb der schattenwerfenden Gehölze blüht im März und April der Hohle Lerchensporn – bald darauf vergilben bereits seine Blätter.

Stets zu zweit stehen die Blüten des Ruprechtskrauts. Die Form der Frucht gab der Gattung der Storchschnäbel ihren Namen.

schmal-lanzettliche Blätter. Die zweispaltigen, weißen Blütenblätter sind mit 12 bis 15 mm doppelt so lang wie die grünen Kelchblätter der Blüte. Ihre Blütezeit dauert von April bis Juni. Die Sternmiere bevorzugt frische bis mäßig trockene, mäßig nährstoffreiche und meist kalkfreie Standorte im Halbschatten.

Storchschnabel, Ruprechtskraut, *Geranium robertianum*

Diese Art heißt auch Stinkender Storchschnabel, und zwar aufgrund des (aus der Nähe) nicht besonders angenehmen Geruchs. Der Name Storchschnabel bezieht sich auf die schnabelartige Form der Früchte. Die Pflanzen werden 20 bis 50 cm hoch. Der rötliche Stengel trägt abstehende Drüsenhaare und stark geteilte Blätter. Die rosafarbenen Blüten mit 9 bis 12 mm langen Blütenblättern öffnen sich von Mai bis Oktober. Der Storchschnabel kommt auf frischen, nährstoffreichen und lockeren Lehmböden im Schatten und Halbschatten vor. Er zeigt eine gute Nährstoffversorgung des Bodens an.

Taubnessel, *Lamium*-Arten

20 bis über 50 cm hoch werden die Taubnesseln – auf den ersten Blick ähneln sie der Brennessel, jedoch brennen sie bei Berührung nicht auf der Haut. Vor allem drei Arten kommen an Heckensäumen vor: Die Weiße Taubnessel *(Lamium album)* besitzt lang zugespitzte, scharf gesägte Blätter und 20 bis 25 mm lange, zweilippige, weiße Lippenblüten, sie blüht von April bis Oktober. Die Gefleckte Taubnessel *(Lamium maculatum)* ist ähnlich, zeigt aber purpurne Blüten mit dunkel gefleckter Unterlippe (Blütezeit April bis September). Mit 10 bis 30 cm Höhe bleibt die Rote Taubnessel *(Lamium purpureum)* deutlich kleiner. Sie trägt ei- bis herzförmige Blätter und zwischen März und September 10 bis 15 mm lange, rote Blüten. Frische, nährstoffreiche Ton- und Lehmböden lieben alle drei, sie zeigen mit ihrem Vorkommen Nährstoffreichtum an. Weiße und Gefleckte Taubnessel können sich durch Ausläufer rasch ausbreiten.

Veilchen, *Viola*-Arten

Die Veilchen zählen zu den Frühlingsboten, ihre blau gefärbten Blüten erscheinen, je nach Art, zwischen März und Juni. Diese besitzen eine typische Form mit nach hinten weisendem Sporn, dessen Gestalt und Färbung ein wichtiges Merkmal für die schwierige Bestimmung der einzelnen Arten ist.

Die gestielten Blätter zeigen herzförmige Gestalt. Relativ häufig kommen in Hecken drei Arten vor: Das Rauhe Veilchen *(Viola hirta)* wird 5 bis 25 cm hoch. Es entwickelt keine Ausläufer und keinen aufrechten, oberirdischen Stengel. Die geruchlosen Blüten sind violett-blau, der Sporn ist rötlich-violett und an der Spitze aufwärts gebogen. Es wächst auf mäßig trockenen, eher nährstoffreichen, meist kalkhaltigen Böden im Halbschatten und Licht.

Das Hainveilchen *(Viola riviniana)* mit einer Höhe von 5 bis 30 cm zeigt einen aufrechten oberirdischen Stengel, eine hellviolette Blüte und einen weißlichen, dicken, an der Spitze gefurchten Sporn. Bevorzugte Standorte sind mäßig trockene bis leicht frische, kalkarme, vorzugsweise sandige Lehm- und Tonböden im Halbschatten.

5 bis 10 cm niedrig bleibt das Wohlriechende Veilchen *(Viola odorata)*. Seine Kennzeichen: oberirdische, wurzelnde Ausläufer, kein oberirdischer Stengel, duftende, dunkelviolette (selten weiße oder rosafarbene) Blüten mit geradem Sporn in derselben Farbe wie die Blüte. Zu finden ist es vor allem auf frischen, nährstoffreichen Lehmböden im Halbschatten. Das Wohlriechende Veilchen gilt als die typische Zeigerpflanze für Nährstoffreichtum.

Höherwüchsige Pflanzen

Brennessel, *Urtica dioica*

Wer einmal Bekanntschaft mit den vielen Brennhaaren der Großen Brennessel machte, vergißt sie nicht: Der kantige, 30 bis 150 cm hohe Stengel und die gegenständigen, grob gesägten, dunkelgrünen Blätter tragen zahlreiche Haare, die bei Berührung abbrechen und eine Flüssigkeit freigeben, die auf der Haut brennt. Die zweihäusigen, unscheinbaren grünlichen Blüten erscheinen von Juni bis Oktober. Die große Brennessel wächst besonders auf frischen bis feuchten Lehm- und Tonböden; sie gilt als Stickstoffzeiger. Große Bedeutung hat diese Art als Raupenfutterpflanze für zahlreiche Schmetterlingsarten: Kleiner Fuchs, Landkärtchen, Tagpfauenauge, C-Falter, Admiral und Distelfalter. Wer sich an diesen schönen Schmetterlingen im Garten freuen möchte, sollte auch die Brennessel am Fuße seiner Hecke dulden. Die frischen grünen Spitzen, im zeitigen Frühjahr geerntet, ergeben einen gesunden, blutreinigenden Tee – täglich getrunken, bedeutet er eine richtige Frühjahrskur.

Efeu, *Hedera helix*

Als Kletterstrauch gehört das Efeu zwar nicht zu den Sträuchern, die Hecken aufbauen, doch es kann als Bodendecker, oder wenn es in anderen Gehölzen und Bäumen emporrankt, mit seinen immergrünen Blättern das Erscheinungsbild einer Hecke beleben. Die Äste besitzen Haftwurzeln und erreichen 6 bis 20 m Höhe. Die glänzenden Blätter gibt es in zwei Formen: drei- bis fünfeckig sind sie an nicht blühenden, ei-lanzettlich bis rhombisch dagegen an blühenden Trieben. Die grünlichen Blüten stehen in halbkugeligen Dolden; Blütezeit ist August bis Oktober-November. Die giftigen, rundlichen Beeren sind erst rötlich-violett, dann braun und letztlich blauschwarz. Sie reifen im Jahr nach der Blüte. Zahlreiche Insekten besuchen die Blüten, besonders Bienen und Hummeln. Die Beeren dienen als Vogelnahrung. Der Standort sollte im Schatten bis Halbschatten liegen. Efeu bevorzugt frische, nährstoffreiche Lehmböden und ist frostempfindlich.

Giersch, *Aegopodium podagraria*

Zipperleinskraut, Giersch oder Geißfuß – alle drei Namen meinen denselben Doldenblütler, der auch als Heilpflanze und Wildgemüse genutzt wird. Er erreicht 50 bis 100 cm Höhe.

Die doppelt dreizähligen Grundblätter setzen sich aus eilänglichen Fiederblättern von 5 bis 10 cm Länge mit gezähntem Rand zusammen. Charakteristisch sind der dreikantige, markgefüllte Blattstiel und die 15- bis 25strahligen, weißen Doldenblüten, aus denen sich kümmelähnliche Samen entwickeln. Die Pflanze zeigt nährstoffreiche und fruchtbare Lehm- und Tonböden an, sie braucht Schatten oder Halbschatten.

Hopfen, *Humulus lupulus*
Stets rechts herum – von anderen Pflanzen gestützt – windet sich der 2 bis 6 m hoch werdende Hopfen. Seine gegenständigen Blätter sind meist tief dreilappig geformt und zeigen einen gezähnten Rand. Im Juli und August entwickeln sich die unscheinbar hellgrünen und zapfenartigen Blüten, aus denen Nußfrüchte entstehen. Hopfen kommt auf grundfeuchten und tiefgründigen Böden vor; er bevorzugt nährstoffreiche Standorte. Die Fruchtzäpfchen dienen seit Jahrhunderten als Bierwürze.

Kletten-Labkraut,
Galium aparine
Das Kletten- oder Kleblabkraut verbreitet sich mit Hilfe seiner klebrigen Samen über Tiere und Menschen: Sie bleiben im Haarkleid wie an der Kleidung hängen. Die klimmende Pflanze wächst 60 bis 200 cm hoch. Der behaarte Stengel, der an vorbeikommenden Lebewesen haftet, trägt linealische, 4 bis 8 mm breite Blätter, deren Ränder ebenfalls rückwärts gekrümmte Stacheln besitzen und »kleben«. Die Blätter stehen zu viert bis acht im Quirl. 2 mm kleine, vierzipfelige, weiße Blüten erscheinen zwischen Juni und Oktober. Die Pflanze bevorzugt frische, nährstoffreiche und tiefgründige Lehm- und Tonböden; sie tritt häufig gemeinsam mit der Brennessel auf.

Vogelwicke, *Vicia cracca*
Mit Hilfe von verzweigten Ranken klammert sich die Vogelwicke als wohl häufigste Wickenart der Heckensäume an anderen Pflanzen fest. Sie wird 30 bis 120 cm hoch. Die einzelnen Blätter bestehen aus zwölf bis 20 lanzettlichen, 2 bis 6 mm breiten Fiederblättchen. Zehn bis 30 blauviolette Blüten, je 8 bis 12 mm groß, stehen in lang gestielten Trauben, ihre Blütezeit liegt zwischen Juni und August. Die wenig anspruchsvolle Pflanze wächst gern auf Lehm- und Tonböden; sie liebt es frisch bis mäßig trocken.

Waldrebe, *Clematis vitalba*
Ähnlich dem Efeu klettert auch die Waldrebe an anderen Pflanzen empor, sie erreicht 3 bis 8 m, selten bis 20 m Höhe. Ihr anfangs krautartiger Stengel verholzt. Die Blätter bestehen aus drei bis fünf unpaarig angeordneten Fiederblättern von ei- oder herzförmiger Gestalt. Die Waldrebe blüht im Juni und Juli, selten auch später, mit weißen, 2 bis 3 cm breiten und fünfzähligen Blüten, die in achselständigen Rispen angeordnet sind. Die Kletterpflanze gilt als etwas wärmeliebend und als Nährstoffzeiger.

Gräser der Hecken

Fiederzwenke,
Brachypodium pinnatum
40 bis 100 cm hoch. Sie wächst lockerrasig und bildet Ausläufer. Der steif aufrechte Halm besitzt weichhaarige Knoten und Blattscheiden. Die Blätter sind beiderseits hell- bis gelbgrün und etwa 5 mm breit; sie hängen steif bis schlaff über. Die ährenartige Blütentraube steht aufrecht und ist zweizeilig, 2 bis 4 cm lang und meist dicht besetzt. Blütezeit Juli-August. Hauptsächlich im südlichen Deutschland kommt dieses Gras auf mageren, bevorzugt sonnigen Standorten und meist auf Kalk vor.

Glatthafer,
Arrhenatherum elatius
60 bis 150 cm hoch. Glatthafer wächst in lockeren Horsten, mit aufrechtem oder unten schwach geknicktem, kahlem Halm. Die rauhen, grauen bis gelbgrünen, 4 bis 8 mm breiten Blätter tragen häufig einzelne Haare. Zur Blüte im Juni und Juli erscheint die weit ausgebreitete, bis 25 cm lange Rispe mit bis 1 cm langen Ährchen, die doppelt so lange Grannen tragen. Glatthafer kommt vor auf nährstoffreichen, mäßig trockenen bis frischen Lehmböden. Er ist eine weit verbreitete Art auf den Fettwiesen, wächst aber auch am sonnigen Heckensaum und im Halbschatten.

Hainrispengras, *Poa nemoralis*
20 bis 60 cm hoch. Auf den ersten Blick ist dieses Gras zu erkennen an fast waagerecht abstehenden, 1 bis 4 mm breiten Blättern (daher auch Wegweisergras genannt). Es wächst in lockeren Horsten. Die lockere zierliche Blütenrispe trägt ein- bis fünfblütige Ährchen. Blüte von Mai bis Juli. Das Hainrispengras bevorzugt etwas wärmere, halbschattige Standorte mit besserer Nährstoffversorgung.

Knäuelgras, *Dactylis glomerata*
30 bis 100 cm hoch. Das Knäuelgras wächst in dichten Horsten mit aufrechten oder aufsteigenden Halmen. Die Sprosse sind an ihrer Basis deutlich zusammengedrückt. Die graugrünen bis (im Schatten bzw. Waldform) hellgrünen Blätter werden 3 bis 10 mm breit. Die einfache, graugrüne Rispe wirkt an den Enden geknäuelt. Blütezeit von Mai bis Juni. Das stickstoffliebende Gras gibt auf Wiesen ein wertvolles Futtergras.

(Nickendes) Perlgras,
Melica nutans
30 bis 50 cm hoch. Es wächst in lockeren Rasen und besitzt eine dünne, kriechende Grundachse. Die dünnen, etwas schlaffen, aber aufrechten Halme tragen hellgrüne, 4 mm breite Blätter. Die nickenden Ährchen stehen in schwach rispiger, einseitswendiger Traube. Die 6 bis 7 mm langen Ährchen sind violett bis braun-purpurn. Blütezeit Mai-Juni. Dieses typische Halbschattengras steht am liebsten auf warmen, mäßig trockenen bis frischen Lehm- und Tonböden; auf Silikatgestein fehlt es meist.

(Gemeine) Quecke,
Agropyron repens
30 bis 150 cm hoch. Die Quecke besitzt eine kriechende Grundachse, treibt Ausläufer und bildet meist dichte Rasen. Der aufrechte, kahle Halm trägt grüne, graugrüne oder bläulich gestreifte, oberseits oft behaarte, 3 bis 15 mm breite Blätter. Die dichten, aufrechten Ähren sind zweizeilig. Die Einzelährchen werden 5 bis 17 mm lang, sind blaßgrün, blaugrün oder violett überlaufen. Blütezeit Juni-Juli. Die Gemeine Quecke kommt häufig als Pionierpflanze auf frischen bis mäßig trockenen, reich mit Nährstoffen versorgten Lehm- und Tonböden vor. Sie gilt als typische Lichtpflanze im besonnten Heckensaum.

Ruchgras,
Anthoxanthum odoratum
15 bis 50 cm hoch. Wuchs in kleinen Horsten. Der aufrechte Halm mit teils leicht behaarten Knoten und Blattscheiden trägt 3 bis 5 mm breite, gelblichgrüne Blätter. Die Blüte dauert von April bis Juni mit 2 bis 6 cm langer, stark ährig zusammengezogener Rispe, die nur zur Blütezeit selbst aufgelokkert ist. Die bis zu 8 mm langen Ährchen duften (daher der Name Ruchgras); sie sind erst hellgrün, dann gelbbraun. Das anspruchslose Gras kommt auf fast allen Böden und sowohl in der Sonne als auch im Halbschatten vor. Es gilt als Magerkeits-Zeiger.

Taube Trespe, *Bromus sterilis*
10 bis 50 cm hoch. Der oft knickige Halm ist im oberen Teil behaart. Die 2 bis 4 mm breiten, hellgrünen Blätter sind ebenfalls behaart. Die lockere Rispe hängt auf einer Seite über. Sie setzt sich aus rauhen Rispenästen und bis 30 mm langen Ährchen zusammen, die 15 bis 30 mm lange, grüne oder braun-violett gefärbte Grannen besitzen. Blütezeit Mai-Juni. Die Taube Trespe wächst auf mäßig trockenen bis frischen Böden, im Licht oder Halbschatten. Sie zeigt hohe Stickstoffwerte im Boden an.

Waldtrespe, *Bromus ramosus*
60 bis 150 cm hoch. Die Art ähnelt der Tauben Trespe, jedoch wird sie größer und besitzt eine stärker aufgelockerte, schlaffe Rispe. Die Waldtrespe wächst in lockeren Horsten und trägt grüne bis hellgrüne Blätter von etwa 10 mm Breite. Die 30 mm langen, hellgrünen Ährchen blühen im Juni bis August. Vor allem in den Hekken der Wälder wächst diese Art bei ausreichender Beschattung. Sie liebt frische, nährstoffreiche und meist kalkhaltige Lehm- und Tonböden.

Waldzwenke,
Brachypodium sylvaticum
50 bis 120 cm hoch. Sie ähnelt der Fiederzwenke, besitzt jedoch beiderseits dunkelgrüne Blätter, unterseits mit weißem Mittelstreif. Die Waldzwenke wächst meist in dichten Horsten. Der Halm steht aufrecht oder geknickt aufsteigend, an den Knoten ist er dicht, darunter spärlich behaart. Die Blätter werden 7 mm breit. Die Blüten stehen in einer stark ährigen, lockeren, zweizeiligen Blütentraube. Blütezeit Juli-August. Auf frischen und nährstoffreichen Ton- und Lehmböden, im Schatten bis Halbschatten, ist die Waldzwenke zu finden.

Pflanzen wachsen in Gesellschaften

In der Natur wächst selten eine Pflanzenart für sich allein: Stets treten mehrere bis viele verschiedene Arten gemeinsam auf, und dies häufig in vielerorts wiederkehrenden Kombinationen. Das Fachgebiet der Pflanzensoziologie befaßt sich mit diesem Miteinander und klassifiziert ein System von Pflanzengesellschaften, die an verschiedenen Orten in sehr ähnlicher Form auftreten. In solche Pflanzengesellschaften wurden auch die verschiedenen Heckentypen eingeteilt, die vor allem in der Agrarlandschaft und an Waldrändern vorkommen. In Gärten und Parks dagegen verhindert das starke Eingreifen des Menschen meist die Ausbildung dieser Pflanzengesellschaften, auch wenn einheimische Straucharten gepflanzt wurden.

Boden, Klima und geographische Lage entscheiden als wichtigste Faktoren über die Ausbildung der nachfolgend in Anlehnung an Runge (1986) beschriebenen häufigsten Pflanzengesellschaften (Assoziationen) der Hekken. Die Zusammensetzung relativ naturnaher Heckengesellschaften in der näheren Umgebung kann wertvolle Hinweise darüber vermitteln, aus welchen Arten eine Hecke am besten aufgebaut wird, wenn sie optimale ökologische Auswirkungen zeigen und für einheimische Pflanzen und Tiere als Lebensraum fungieren soll.

Benannt werden die Gesellschaften nach ihren Charakterarten; in der lateinischen Bezeichnung symbolisiert die Endung die systematische Stellung innerhalb der Ordnung der Pflanzengesellschaften.

Schlehen-Weißdorn-Gebüsch
(Pruno spinosae-Crataegum)
Diese dornigen Gebüsche kommen als Pioniere des Waldes vorzugsweise in Halbtrockenrasen auf Kalk vor, aber

auch an Weg- und Waldrändern der Lehm- und Kalkgebiete. Typische Sträucher sind Schwarzdorn, Hundsrose, Roter Hartriegel, Zweigriffliger Weißdorn und Haselnuß. Als eine der häufigsten Gesellschaften ist diese Heckengesellschaft weit verbreitet.

Ackerrosen-Gestrüpp
(Rosetum arvensis)
Besonders an Waldrändern bildet die Ackerrose regelrechte »Schleier«, indem sie sich an anderen Gehölzen emporrankt. Sie blüht und fruchtet reichlich, wobei besonders ihre korallenroten Hagebutten mit dem typischen Griffelstielchen im Herbst und Winter auffallen. Das Ackerrosen-Gestrüpp kommt im Hügel- und Bergland zwischen 100 und 800 m Meereshöhe, überwiegend auf tonigen Lehmen über Kalkgestein vor. Es setzt sich zusammen aus Ackerrose, Rotem Hartriegel, Brombeere, Rotbuche, Efeu und als typischem Gras der Waldzwenke.

Samtbrombeeren-Gestrüpp
(Rubetum vestiti)
Waldmäntel und Wallhecken mit häufig nach Süden zeigender, sonniger Lage auf Lehm, Mergel und Kalkstein besiedelt das Samtbrombeeren-Gestrüpp. Es tritt vor allem im nordwestlichen Mitteleuropa mit atlantischem Klima auf, und zwar bis in 500 m Meereshöhe. Charakterisiert wird es durch Samt- oder Bekleidete Brombeere, Schlehe, Zweigriffligem Weißdorn und Haselnuß sowie Hainrispengras, Gemeine Quecke und Sternmiere.

Schlehen-Liguster-Gebüsch
(Ligustro-Prunetum spinosae)
Auf die Mittelgebirge und Alpen beschränkt sich das Schlehen-Liguster-Gebüsch, das dem Schlehen-Weißdorn-Gebüsch ähnelt, jedoch zusätzlich Liguster oder Berberitze enthält. Es gedeiht auf trockenen Kalkböden in warmen und besonnten Lagen; ohne Eingreifen des Menschen entwickelt es sich langfristig zu einem Eichen-Elsbeerenwald weiter. Zu erkennen ist diese Heckengesellschaft an den Arten Liguster, Berberitze, Weinrose, Schwarzdorn, Hundsrose, Waldrebe, Roter Hartriegel, Zweigriffliger Weißdorn und Haselnuß.

Felsenbirnen-Gebüsch
(Cotoneastro integerrimi-Amelanchieretum ovalis)
Ein Relikt der letzten nacheiszeitlichen Wärmezeit scheint diese Gesellschaft zu sein, die vor allem auf Felsköpfen und -bändern kalkigen, aber auch sauren Gesteins gedeiht. Typisch sind Zwergmispel, Eiblättrige Felsenbirne, Liguster, Hundsrose und andere Rosen, Mehlbeere, Salomonssiegel, Felsenfetthenne. Meist trifft man das Felsenbirnen-Gebüsch in 100 bis 500 m Meereshöhe an südlich oder südwestlich ausgerichteten Steillagen an.

Schneeball-Hartriegel-Gebüsch
(Viburno lantanae-Cornetum sanguineae)
Dieses wärmeliebende Gebüsch der Muschelkalk-Gebirge setzt sich zusammen aus Wolligem Schneeball, Rotem Hartriegel, Esche, Rauhem Veilchen und Sichelblättrigem Hasenohr. Verbreitet ist es besonders in ehemaligen, heute nicht mehr genutzten Weinbergen im mittleren Saaletal.

Rosen-Berberitzen-Busch
(Berberido vulgaris-Rosetum)
In 1000 bis 1500 m Höhe wächst der Rosen-Berberitzen-Busch in trockenwarmen Lagen der inneren Alpentäler auf Lesesteinhaufen, an Steilhängen und Ackerterrassen. Er birgt Berberitze, Rotblättrige Rose und Heckenrose, Himbeere, Steife Rauke, Spreizenden Storchschnabel, Siebenbürgisches Perlgras, Hainrispengras, Echte Nelkenwurz, Gemeines Labkraut, Vogelwicke und Brennessel.

Die Fauna der Hecken

Hecken bilden trotz ihrer vergleichsweise geringen Breite Lebensräume mit einem enormen Reichtum an Tierarten. Besonders vielfältig ist das Spektrum der vorkommenden Insekten, doch auch der Vögel. Weniger bekannt ist die wichtige Funktion, die Hecken auch für Säugetiere, Reptilien und Amphibien übernehmen. Mit gezielten Hilfen lassen sich – gerade im Garten – viele Tiere ansiedeln. Dazu einige Tips.

Vögel

Amsel, Drossel, Fink und Star – wer kennt sie nicht. Doch die Vielfalt an Heckenvögeln ist viel größer, und auch in den Hecken der Dörfer und Städte leben inmitten dicht bebauter Gebiete zahlreiche Vogelarten. Die Zeichnung auf Seite 88 nennt die wichtigsten Singvögel, die für Hecken typisch sind. Je vielfältiger und »wilder« eine Hecke ist, um so reicher wird auch die dort heimische Vogelwelt sein.

Welche dieser Vögel treten nun häufig auch in Gartenhecken auf, wo sie sich am leichtesten beobachten lassen? An erster Stelle steht sicherlich die schwarz gefärbte **Amsel**, die bereits ab März ihr Nest baut, wenn die Laubgehölze noch nicht ausgeschlagen haben. Sie ist der Charaktervogel der regelmäßig gemähten Rasenflächen, die ihr die Nahrungssuche nach Regenwürmern und anderen Bodentieren kolossal erleichtern.

Sehr viel unscheinbarer sind die gräulich bis bräunlich gefärbten **Grasmücken**, rund 14 cm kleine Singvögel. Sie kommen mit vier Arten vor, wobei sich die Dorngrasmücke weitgehend auf Hecken außerhalb der Siedlungen beschränkt. Die Gartengrasmücke trägt einfarbig braungraues Gefieder – am ehesten macht sie durch ihren volltönenden, »orgelnden« Gesang auf sich aufmerksam. Eine schwarze Kopfplatte gab dem Männchen der Mönchsgrasmücke ihren Namen, beim Weibchen ist die Kopfplatte rötlich-braun. Der Gesang der Mönchsgrasmücke läßt sich als lebhaftes Zwitschern mit Überschlag am Ende beschreiben. Leise zwitschernd oder laut und schnell klappernd klingt die Strophe der Klappergrasmücke, die bei gräulicher Grundfarbe dunkle Kopfseiten trägt. Alle Grasmücken bauen ihre vor allem aus trockenen Grashalmen bestehenden Nester in dichte Heckenabschnitte mit Brombeeren oder Efeu, teils auch in Hochstauden – sie mögen daher »wilde« Hecken mit dichtem Unterwuchs am liebsten.

Unter den Finkenvögeln wird man am ehesten Hänfling und Grünfink als Brutvögel in Gartenhecken finden. Der **Hänfling** ist etwas zierlicher als ein Spatz und bräunlich gefärbt. Das Männchen trägt im Brutkleid einen roten Scheitel und eine rötliche Brust, sein Rücken ist rotbraun. Ohne Rot, aber dafür stärker streifig braun ist das Weibchen gefärbt. Beide besitzen einen kurzen Kegelschnabel und einen gegabelten Schwanz. Das ab Mitte April aus altem Gras und Moos gebaute Nest liegt in Büschen oder Hekken und wird mit Haaren und Wolle ausgepolstert. Spatzengröße erreicht

Vögel in der Hecke

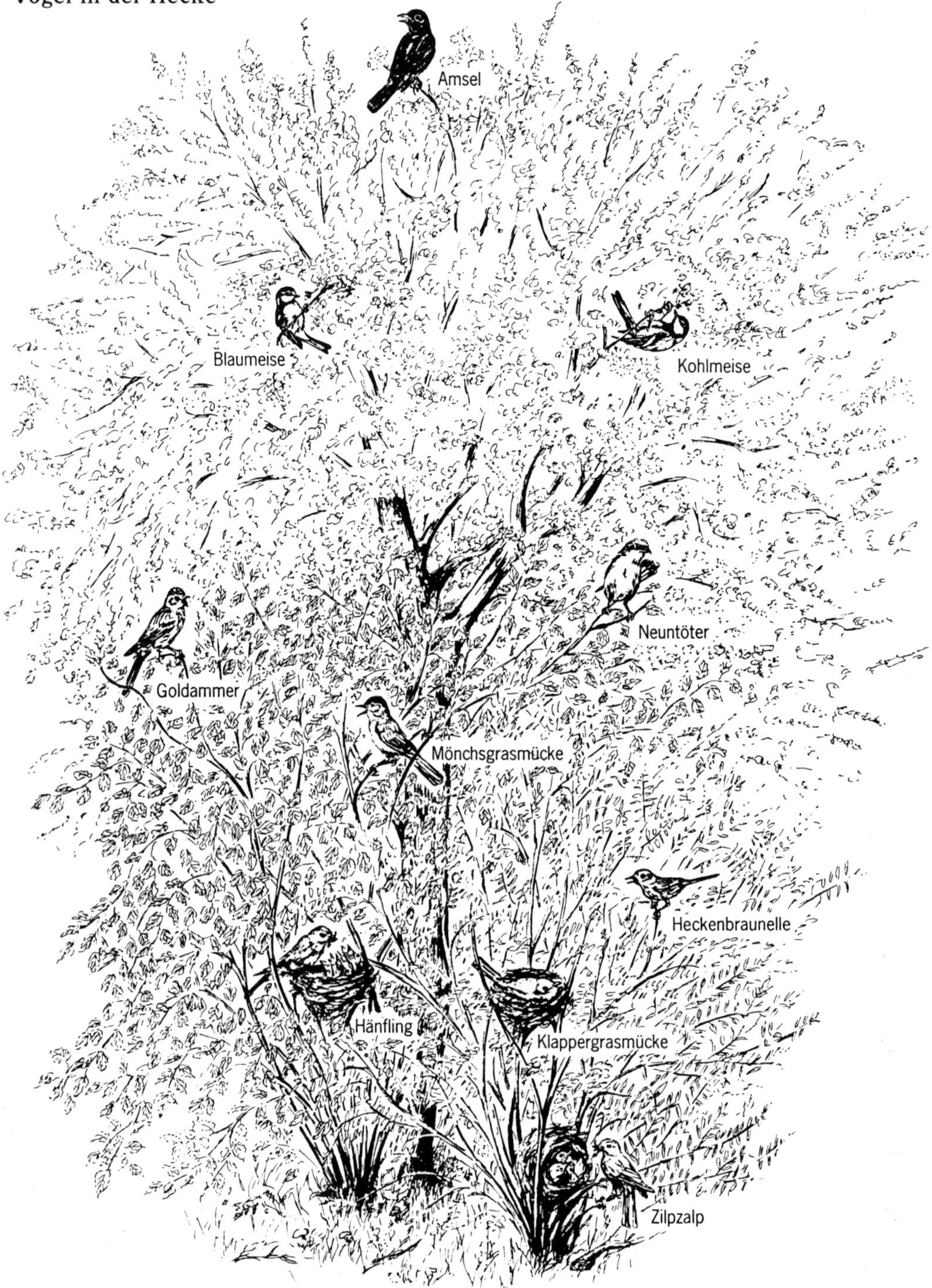

Blaumeisen beleben jeden Garten, wenn er ihnen ausreichend Insektennahrung bietet. Eine vielgestaltige Hecke liefert gute Voraussetzungen.

der **Grünfink** mit gelbgrüner (Männchen) oder graugrüner Färbung (Weibchen) und gegabeltem Schwanz. Das ab Ende April gebaute Nest aus Gras, Moos und Wolle auf Zweigunterlage ist relativ locker.

Als Nahrungsgäste, Durchzügler und Wintergäste nutzen zahlreiche andere Vogelarten die Deckung und das Futter, die Hecken ihnen bieten. So wird man häufig Kohl- und Blaumeise, Rotkehlchen, Zaunkönig, Heckenbraunelle, Singdrossel, Gimpel und manche andere beobachten können.

Der wohl am meisten typische Heckenvogel in der Agrarlandschaft ist der **Neuntöter**: Wo er lebt, findet man eine wertvolle und meist artenreiche Hecke. Als Bedingung verlangt er umgebendes Grünland; grenzen an eine Hecke nur Äcker, so wird man dort den Neuntöter vergeblich suchen. Der Vogel ist 17 cm lang, trägt einen relativ langen Schwanz und einen dunklen, leicht hakigen Schnabel. Das Männchen zeigt einen kastanienbraunen Rücken und einen grauen Kopf, ein schwarzer Streifen verläuft durch das Auge; das Weibchen ist weniger auffällig oberseits rotbraun bis bräunlich gefärbt und trägt dunkle, halbmondförmige Flecken. Der Neuntöter geht von erhöhten Warten aus auf Nahrungsflug; die erbeuteten Insekten spießt er manchmal auf Dornen und an Stacheldraht auf.

Je vielgestaltiger und je engmaschiger Hecken zu einem Netz verknüpft sind, desto reicher wird im allgemeinen auch ihre Vogelwelt sein. Die Vögel nutzen die Ressourcen der Hecken auf verschiedenste Weise: Einzelne herausragende Astspitzen dienen als Ansitzwarte zur Jagd oder als Singwarte. Andere finden hier Deckung und Schutz vor Witterung und Feinden. Für wieder andere wie das Rebhuhn wirken Hecken als Sichtschutz zu benachbarten Revieren: Je enger eine Feldflur durch Hecken gegliedert ist, desto mehr Rebhuhn-Reviere finden Platz. Viele Vögel brüten in oder an Hecken, sehr viele finden hier ihre existentielle Nahrung, seien es Insekten, Säugetiere oder Kleinvögel, seien es die bunten Früchte der Heckenpflanzen.

Säugetiere

Wer raschelt abends in der Dämmerung im trockenen Laub unter der Gartenhecke? Meist handelt es sich um einen **Igel**, der aus seinem Tagesversteck hervorgekommen ist und sich

Der Neuntöter lebt in artenreichen Hecken, die von Grünland umgeben sind.

nun auf Nahrungssuche begibt. An seinen Stacheln ist er unzweifelhaft zu erkennen. Der Igel baut zur Aufzucht seiner Jungen ebenso wie zur Überwinterung ein unter Reisig verstecktes Laubnest – in einer naturnahen Wildhecke findet der Kulturfolger, der überwiegend im Bereich von Siedlungen vorkommt, optimale Voraussetzungen. Aber dazu darf man in gärtnerischem Übereifer im Herbst auch nicht sämtliches zu Boden gefallenes Laub abrechen und forttragen. Die Paarung der Igel vollzieht sich im Frühjahr und Sommer. Die durchschnittlich sieben, anfangs blinden Jungen kommen nach fünf- bis sechswöchiger Tragzeit zur Welt. Als Nahrung dienen dem Igel vor allem niedere Tiere, also Würmer, Schnecken und Insekten; zum Mäusefangen ist er zu plump und zu langsam.

Daneben können verschiedene **Mäuse** und **Spitzmäuse** in Hecken leben. Auch im Garten sollte man sie nicht verteufeln. Mit Ausnahme vielleicht der Wühlmäuse, die durch Abfressen von Wurzeln an Garten- und Nutzpflanzen Schäden anrichten können, ernähren sich Mäuse auch von tierischer Kost und dezimieren so Schäden anrichtende Insekten.

Die Spitzmäuse nehmen nur tierische Nahrung zu sich, sie vertilgen beachtliche Mengen an Insekten, Spinnen, Asseln und anderen Wirbellosen. Während die Mäuse weitgehend nachtaktiv sind, müssen die zierlichen Spitzmäuse mit ihrem rüsselförmig verlängerten Kopf Tag und Nacht jagen, um ihren hohen Nahrungsbedarf zu decken. Doch wird man sie kaum zu Gesicht bekommen, denn sie huschen nur im dichten Unterbewuchs der Hecken und im alten Laub umher.

In der offenen Landschaft, aber zum Teil auch innerhalb der Dörfer und Städte, kommen weitere Säugetier-Arten hinzu. Für sie bilden Hekken innerhalb der Agrarlandschaft regelrechte Aktionszentren: **Mauswiesel** und **Hermelin** etwa finden in der Hecke Unterschlupf und Deckung, begeben sich zur Nahrungssuche jedoch häufig auf Streifzüge in die umgebende Feldflur. Landwirte sollten dafür dankbar sein: Das zierliche Mauswiesel ernährt sich fast ausschließlich von Mäusen, in deren Löcher es mühelos eindringen kann. Das schlanke Tier wird inklusive Schwanz 15 bis gut 30 cm lang. Die Oberseite ist braun, die Unterseite weiß gefärbt. Zu einem schneeweißen Winterkleid wechseln in unseren Breiten nur die wenigsten Individuen.

Ähnlich gefärbt, aber mit 30 bis über 40 cm deutlich größer und stets durch eine schwarze Schwanzspitze zu unterscheiden, ist das Hermelin. Im Winter bekommen die meisten Hermeline einen weißen Pelz, wobei die schwarze Schwanzspitze erhalten bleibt. Hermeline fressen überwiegend Wühlmäuse, aber auch andere Wirbeltiere.

Nicht zu den Mäusen, sondern zu den Bilchen oder Schläfern gehört die **Haselmaus**. Ihr nur etwa 8 cm langer Körper ist gelb- bis fuchsrot, Kehle und Brust sind weiß gefärbt. Der Schwanz ist buschig. Die possierliche Haselmaus frißt Knospen, Beeren, Sämereien und Insekten. Jedes Tier baut aus Grashalmen und Blättern drei bis vier kugelige, 6 bis 12 cm große Nester freistehend in Hecken oder in Baumhöhlen und Nistkästen, und zwar als Unterschlupf, zur Jungenaufzucht und auch als Ort für den Winterschlaf, bei dem sich die Körpertemperatur bis auf 1 °C erniedrigen kann.

Reptilien und Amphibien

Kriechtiere oder Reptilien lieben im allgemeinen Wärme. Drei Eidechsenarten leben daher bevorzugt am sonnigen Südrand einer Hecke, besonders wenn sie mit einer Lesesteinhecke oder anderweitig trocken-warmen Unterschlupf bietenden Verstecken kombiniert ist. Zauneidechse und Waldeidechse besitzen typische Eidechsengestalt mit vier Beinen und langen Fingern. Die Blindschleiche dagegen büßte im Laufe ihrer Entwicklungsgeschichte ihre Beine ein – sie sieht aus wie eine Schlange, ist aber keine.

Die **Zauneidechse** wird ausgewachsen und einschließlich des Schwanzes rund 18 bis 20 cm lang. Ihre Färbung variiert stark von Bräunlich bis Grünlich. Meist zeigen Zauneidechsen auf ihrer Rückenmitte ein dunkles, teils unterbrochen-fleckiges Band. Häufig sind helle Augenflecken am Körper. Die Männchen sind an ihren Körperseiten meist grünlich gefärbt, besonders zur Paarungszeit. Die Weibchen zeigen eher graue und braune Farben, zuweilen auch mit grünen Tönen; ihr dunkles Rückenband ist häufig unterbrochen.

Die **Berg- oder Waldeidechse** ist zierlicher und weniger massig als die Zauneidechse. Sie wird nur 14 bis 16 cm lang. Ihre Grundfärbung ist meist braun, selten grau oder oliv, stärkere Kontraste fehlen. Oft zeigen Zauneidechsen einen dunkleren Streifen auf der Rückenmitte, verstreute dunkle Flecken und eine gelbliche Punktreihe auf den Seiten. Die Bauchseite des Männchens ist orangegelb mit schwarzen Flecken, die des Weibchens dagegen weiß, grau oder rosafarben und ohne Flecken.

Bleiglänzend, blaugrau oder bräunlich ist der Körper der **Blindschleiche** gefärbt. Das Männchen wirkt einfarbig, teils trägt es bläuliche Tupfen auf der Körperseite. Das Weibchen besitzt dunklere Längsstreifen auf dem Rükken. Samt Schwanz kann die Blindschleiche bis zu 50 cm lang werden.

Insekten, Spinnen, Schnecken und Würmer dienen der Zaun- und Waldeidechse als Nahrung. Die Blindschleiche frißt vor allem Nacktschnecken, Regenwürmer und bodenlebende, nicht zu schnell flüchtende Insekten.

Besonders die sonnige Seite einer Hecke nutzt die Waldeidechse zu einem Sonnenbad. Steinhaufen können den Wert einer Hecke für Reptilien erhöhen.

Zaun- und Waldeidechse sonnen sich gern, während die Blindschleiche vorwiegend dämmerungsaktiv ist.

Die **Lurche oder Amphibien** werden vor allem mit Teichen und Tümpeln in Verbindung gebracht. Doch die meisten Arten verbringen nur den kleineren Teil des Jahres im Wasser, die übrige Zeit leben sie in Hecken und Gehölzen sowie Wäldern. Gerade für Molche und Erdkröten bietet eine an Unterbewuchs reiche Hecke mit entsprechenden Versteckmöglichkeiten unter altem Laub, moderndem Holz, Steinen und in Erdlöchern einen attraktiven Landlebensraum. Auch hier ist es wichtig, nicht alle Blätter unter der Hecke fortzukratzen.

Insekten und andere Kleintiere

Die Vielfalt an Insekten wie Bienen, Hummeln, Fliegen, Schmetterlingen, Heuschrecken und Käfern, die Fülle von Spinnen und Schnecken in und unter einer Hecke läßt sich selbst von Fachleuten kaum überschauen. Für den Laien bietet sie ständig neue Möglichkeiten der Beobachtung.

Insekten in der Hecke.

Zum Beispiel die **Wildbienen**: Neben der bekannten Honigbiene existieren noch zahlreiche andere, nicht vom Menschen genutzte Bienenarten, die im Naturhaushalt unter anderem als Blütenbestäuber ganz wichtige Funktionen erfüllen. Maskenbienen, Sandbienen, Wespenbienen, Sägehornbienen, Mauerbienen und Düsterbienen finden in den Hecken Nektar- und Pollennahrung, Nistplätze und Schutz. Die Blüten von Sträuchern, Bäumen und Kräutern bieten vielfältige Nahrung; trockene Stengel von Brombeeren, Himbeeren und Holunder sowie die Fraßgänge von Käfern im alten Holz ergeben Nistplätze. Andere Wildbienen legen ihre Nester im Schutze der Hecken in nackten Bodenstellen an. Gerade in den weitgehend von blühenden Pflanzen ausgeräumten Agrarlandschaften bilden Hecken mit ihren Säumen vielfach die letzten Rückzugsmöglichkeiten für Wildbienen.

Wer in seiner Hecke Blattläuse entdeckt, sollte nicht zur Giftdose greifen, sondern sich freuen: Sie bilden die unverzichtbare Nahrungsgrundlage für die **Blattlaus-Jäger**, die in Hecken überwintern. Schon im zeitigen Frühjahr können dank der Läuse deren Feinde bereits einen stabilen Bestand aufbauen, während ihnen die angrenzenden Nutzflächen im Garten oder in der Feldflur noch keine Lebensgrundlage bieten. Später können die Jäger die angrenzend wachsenden Nutzpflanzen besiedeln und dort den Bestand an Läusen dezimieren – so funktioniert biologischer Pflanzenschutz.

Viele **Schmetterlinge** legen ihre Eier nur an ganz bestimmten Pflanzenarten ab. Bei der Beschreibung der Heckengehölze wurden einige dieser Spezialisten bereits genannt, deren Raupen nur das Blattgrün einer oder weniger Sträucher fressen. Wer sich im Sommer am Zitronenfalter erfreuen möchte, sollte auch ein paar Faulbaum-Büsche in seiner Hecke pflanzen, um nur ein Beispiel zu nennen. Die erwachsenen Falter der verschiedensten Arten suchen besonders gern die Blüten von Brombeeren und des Sommerflieders *(Buddleja)* auf.

Die in Hecken vorkommenden **Heuschrecken** kann selbst der Laie recht gut auseinanderhalten. Das 28 bis 42 mm große Grüne Heupferd ist eine der größten einheimischen Arten, grasgrün und nur am Rücken meist bräunlich gefärbt. Als überwiegender Insektenfresser müßte das laut schwirrend singende Heupferd eigentlich ein gern gesehener Gartenbewohner sein. Die Strauchschrecke wird nur 13 bis 18 mm lang, sie ist grau- bis rotbraun gefärbt mit leuchtendgelbem, scharf abgesetztem Bauch. Sie ernährt sich von Insekten und pflanzlicher Kost. Das Männchen läßt ein schrilles, aus drei Einzeltönen bestehendes Zirpen (»zizizi«) hören. Noch unscheinbarer und kleiner ist die Punktierte Zartschrecke: 10 bis 17 mm lang, gelbgrün gefärbt mit dunkelroter Punktierung. Sie besitzt sehr lange Hinterbeine, und ihre Fühler erreichen die vierfache Körperlänge. Zart ist auch der kaum 0,5 bis 1 m weit hörbare Ruf der Art: eine Folge aneinander gereihter »sb«-Laute. Die Zartschrecke frißt nahezu ausschließlich Pflanzenblätter.

Eine Welt für sich ist die der **Spinnen**: Am ehesten erheischen sie durch ihre zwischen den Zweigen gespannten Netze die Aufmerksamkeit des Beobachters, vor allem wenn darin an kühlen Herbstmorgenden dicke Tautropfen hängen. Bereits die Form der Spinnennetze läßt Rückschlüsse auf die Familienzugehörigkeit des Baumeisters zu, je nachdem, ob es sich um Radnetze, Trichter-, Hauben- oder Baldachinnetze handelt. Doch nicht alle Spinnen bauen ein Netz, um Beute zu fangen – die meisten Wolfs-, Krabben-, Spring- und Sackspinnen sind Jäger, die auf ihre Beute lauern oder sich anpirschen. Die wohl bekannteste Radnetzspinne ist die Gartenkreuzspinne, kenntlich an ihrem hellen Kreuz auf dem Hinterleib.

An den Blüten des Sommerflieders (Buddleja) laben sich besonders viele Tagfalter, hier ein Kleiner Fuchs.

Tiere ansiedeln

Wichtigste Voraussetzung für das Ansiedeln von Tieren in der Hecke und ihrem Umfeld bildet natürlich das Vorhandensein des entsprechenden Lebensraumes. Allgemein garantiert größtmögliche Naturnähe auch eine hohe Zahl von Tieren. Dies gilt es bei der Wahl der Gehölze bereits zu beachten. Außerdem sollte sich die Bodenflora möglichst aus einheimischen Wildstauden zusammensetzen. Die Tiere kommen dann meist aus eigenem Antrieb und werden heimisch. Aktionen zur Ansiedlung von »Wunschtieren« sollte man nicht durchführen. Stimmen die Lebensbedingungen, werden die meisten »passenden« Tiere von selbst einwandern.

Dennoch läßt sich die Chance der Ansiedlung verschiedener Tiere in Hecken der Gärten durch gezielte Hilfsmaßnahmen deutlich erhöhen:

Laub sollte, wie mehrfach bereits anklang, unter einer Hecke stets liegen bleiben. Andernorts im Garten zusammengerechtes Laub ist am besten neben der Hecke zu einem Haufen aufzuschütten. Dort können Igel und Amphibien Unterschlupf finden. Und nach Verrotten der Blätter entsteht nahrhafte, düngende Komposterde für den Nutzgarten oder zum Mulchen.

Die beim Heckeschneiden und Verjüngen der Sträucher anfallenden **Zweige und Äste** sollten ebenso wie das anfallende Laub im Garten verbleiben. Wird das Schnittgut am Rande der Hecke aufgeschichtet, dient es Igeln, Amphibien und Singvögeln als Unterschlupf, letzteren wie zum Beispiel dem Zaunkönig auch als Nistplatz. Voraussetzung ist natürlich, daß der Garten genügend Platz bietet.

Stärkere Äste, Stammteile und Baumstubben, sofern sie nicht im Garten anfallen, können von anderer Stelle herantransportiert werden. In dem vermodernden Holz leben Pilze (daher nicht zu nahe an lebendigen Bäumen lagern!), Moose, holzbohrende Käfer und einzeln, nicht in Völkern lebende Wildbienen. Unter dem Holz fühlen sich Asseln, Hundert- und Tausendfüßler wohl, und auch Amphibien und Ameisen können sich darunter verkriechen. Unterschlupf bieten ebenso Steine, Steinplatten oder einfach Brettstücke, die über kleine Vertiefungen auf den Boden gelegt werden, so daß Hohlräume entstehen.

Wildbienen kommen noch eher, wenn man mit einem Bohrer bis zu 8 mm starke und maximal 10 cm tiefe Löcher in Holz (Baumstubben, Stammteile) oder in Ziegelsteine bohrt. Dadurch werden Käferbohrlöcher imitiert, die den Bienen den Nestbau ermöglichen.

Nistkästen für Meisen, Trauerschnäpper und Kleiber sowie Halbhöhlen für Hausrotschwanz und Grauschnäpper erleichtern Höhlenbrütern, im Garten zu brüten. Diese Vögel suchen Teile ihrer Nahrung auch in der Hecke.

Bildquellen

Rolf Bender, Tholey-Theley: Seite 31, 58, 68 unten, 89 unten
Alois Felbinger, Leinfelden-Echterdingen: Seite 48
Leonie und Eckhard Jedicke, Wettenberg: Seite 2, 8, 9, 21, 25, 27, 29, 39, 45, 47, 60, 61, 68 oben, 69, 73, 76, 78, 80, 81 beide, 89 oben, 91, 93
Eberhard Morell, Dreieich: Seite 57, 59
Hans Reinhard, Heiligkreuzsteinach: Seite 11, 17, 35, 52, 54, 56, 63 oben, 64, 65, 66, 67, 71, 75
Andreas Wawra, Stuttgart: Seite 30
Martin Zorzi, Stuttgart: Seite 16, 49, 63 unten

Zeichnungen: Sigrid Lokau, Bochum-Wattenscheid, nach Vorlagen des Verfassers

Literaturverzeichnis

Bärtels, A. (1991): Gartengehölze. Verlag Eugen Ulmer, Stuttgart, 3. Auflage.

Blab, J. (1989): Grundlagen des Biotopschutzes für Tiere. Kilda-Verlag, Greven, 3. Auflage.

Blab, J., Kudrna, O. (1982): Hilfsprogramm für Schmetterlinge. Naturschutz aktuell 6, Kilda-Verlag, Greven.

Chinery, M. (1986): Naturschutz beginnt im Garten. Ravensburger Buchverlag Otto Maier, Ravensburg.

Ellenberg, H. (1986): Vegetation Mitteleuropas mit den Alpen in ökologischer Sicht. Verlag Eugen Ulmer, Stuttgart, 4. Auflage.

Göritz, H. (1986): Laub- und Nadelgehölze für Garten und Landschaft. VEB Deutscher Landwirtschaftsverlag, Berlin, 5. Auflage.

Hölzinger, J. (1987): Die Vögel Baden-Württembergs. Band 1. Verlag Eugen Ulmer, Stuttgart.

Jedicke, E. (1986): Blumenwiese oder Rasen? Anlage und Pflege. Franckh'sche Verlagsbuchhandlung, Stuttgart.

Jedicke, E. (1989): Boden – Entstehung, Ökologie, Schutz. Ravensburger Buchverlag Otto Maier, Ravensburg.

Jedicke, E. (1989): Brachland als Lebensraum. Ravensburger Buchverlag Otto Maier, Ravensburg.

Jedicke, E. (1990): Biotopverbund – Grundlagen und Maßnahmen einer neuen Naturschutzstrategie. Verlag Eugen Ulmer, Stuttgart.

Kleeberg, J. (1989): Schöne Naturgärten – wie sie entstehen. Verlag Eugen Ulmer, Stuttgart.

Landesamt für Naturschutz und Landschaftspflege Schleswig-Holstein (1985): Knicks in Schleswig-Holstein. Merkblatt 6, Kiel, 4. Auflage.

Lübcke, W. (1987): Geschichte des Naturschutzes in Waldeck. Naturschutz in Waldeck-Frankenberg 1, Korbach, Bad Wildungen.

Müller, G. (1989): Wallhecken. Entstehung – Pflege – Neuanlage am Beispiel der Gemeinde Ganderkesee. BSH-Verlag, Wardenburg.

Müller, J. (1990): Funktionen von Hekken und deren Flächenbedarf vor dem Hintergrund der landschaftsökologischen und -ästhetischen Defizite auf den Mainfränkischen Gäuflächen. Würzburger Geographische Arbeiten 77, Würzburg.

Müri, E. (1989): Baumschule, Staudengärtnerei, Obstgarten. Verlag Sauerländer, Aarau und Frankfurt am Main, 4. Auflage.

Pardatscher, G. (1988): Hecken im Garten. Verlag Eugen Ulmer, Stuttgart.

Rothmaler, W. (1987): Exkursionsflora für die Gebiete der DDR und der BRD. Band 2: Gefäßpflanzen. Verlag Volk und Wissen, Berlin, 13. Auflage.

Runge, F. (1986): Die Pflanzengesellschaften Mitteleuropas. Aschendorffsche Verlagsbuchhandlung, Münster, 8. und 9. Auflage.

Streeter, D., Richardson, R., Dreyer, W. (1988): Hecken – Lebensadern der Landschaft. dtv-Verlag, München.

Witt, R. (1986): Wildsträucher in Natur und Garten. Franckh'sche Verlagsbuchhandlung, Stuttgart, 2. Auflage.

Register